Go Vista
INFO GUIDE

W0094995

Litauen

von Stefanie Bisping

Stefanie Bisping studierte Anglistik, Germanistik und Politikwissenschaft in Münster und Reading (England). Als Reisejournalistin arbeitet sie für verschiedene Zeitungen, Magazine und Buchverlage.

www.vistapoint.de

Inhalt

Sprachführer

Extras – Zusatzinformationen

Zeichenerklärung

 Top 10
Das sollte man gesehen haben, s. vordere und hintere Umschlagklappe.

 Vista Point
Reiseregionen, Orte und Sehenswürdigkeiten

 Symbole
Verwendete Symbole s. hintere innere Umschlagklappe.

 Kartensymbol: Verweist auf das entsprechende Planquadrat der ausfaltbaren Landkarte bzw. der Detailpläne im Buch.

Willkommen in Litauen

Als erster der drei baltischen Staaten hat Litauen 1990 seine Unabhängigkeit von der Sowjetunion erklärt. Seither verlief die Entwicklung des Landes wie im Zeitraffer. Vorläufiger Abschluss war der Beitritt zur EU im Mai 2004. Dass die einstige Sowjetrepublik nun bereits seit zehn Jahren offiziell zu Europa gehört, hat die Entdeckungslust hierzulande dauerhaft beflügelt. Denn auch jenseits seiner wunderschönen barocken Hauptstadt Vilnius bietet Litauen mit der unvergleichlichen Landschaft der Kurischen Nehrung und der unberührten Natur eine Menge. Deshalb besteht entsprechend viel Gelegenheit für sportliche und naturnahe Aktivitäten: vom Radfahren und Wandern in den Nationalparks über alle Arten von Wassersport bis hin zum Reiten oder zur Vogelbeobachtung.

Mit seinen baltischen Nachbarn eint Litauen das Schicksal im 20. Jahrhundert und die rasante Entwicklung seit der Wende. Ansonsten unterscheidet es sich aber erheblich von Lettland und Estland: Litauen

ist überwiegend katholisch, da es über Jahrhunderte eng mit Polen verbunden war. Auch die Sprache ist wiederum eine ganz andere: Litauisch und Lettisch sind – obwohl völlig unterschiedlich – die letzten noch lebenden Idiome des baltischen Zweigs der indo-europäischen Sprachfamilie; das Estnische gehört zur finno-ugrischen Sprachfamilie. Reichlich kompliziert sind alle drei.

Die großen Unterschiede machen Rundreisen besonders spannend; doch Litauen allein bietet auch genug für einen unvergesslichen Urlaub. Nur zwei Flugstunden von Deutschland findet man hier noch Spuren einer älteren Welt: Da stolzieren Störche über grüne Wiesen, neben der Straße sitzen Bäuerinnen auf Schemeln und melken Kühe mit der Hand.

Doch der ländliche Zauber ist nur eine Facette des Landes. Vor allem in Vilnius und Kaunas spielen Kunst und Kultur eine große Rolle. Dort gibt es eindrucksvolle Baudenkmäler und Museen, und vor allem eine lebhafte Musik- und Festivalszene. Das ganze Jahr über finden international beachtete Konzertreihen statt, von Klassik bis Jazz. 2009 war Vilnius zudem europäische Kulturhauptstadt – die erste im Baltikum.

Als Teil der Stadtmauer von Vilnius erfüllte die gotische Bernhardiner-Kirche Verteidigungsaufgaben; davor das Denkmal für den polnischen Dichter Adam Mickiewicz

Daten zur Landesgeschichte

Frühe Besiedelung

9000 v. Chr.	Erste Besiedelung des nördlichen Baltikums.
2500 v. Chr.	Im heutigen Litauen siedeln indogermanische Stämme.
100 v. Chr.	Die baltischen Stämme treiben Bernsteinhandel mit dem Römischen Reich, der ab dem 7. Jahrhundert auch Wikinger zu Beutezügen an der Ostsee inspiriert.

Zeit der Kreuzritter

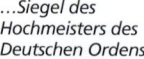

Kreuz und …

1009	Erste Erwähnung der Litauer als »Litua« in den Quedlinburger Annalen in Zusammenhang mit einem erfolglosen Missionierungsversuch.
1184	Kaufleute der Hanse errichten Handelsposten im Baltikum.
1200	Kreuzfahrerheere landen an der Daugava.
1236	Als einziges baltisches Volk schaffen es die Litauer, sich der Unterwerfung und Christianisierung zu entziehen. Bei Šiauliai schlagen sie die Kreuzritter und entgehen somit der deutschen Besatzung.
1250	Fürst Mindaugas vereinigt die litauischen Stämme. Aus diplomatischen Erwägungen lässt er sich 1251 taufen und wird 1253 mit päpstlichem Segen König. 1263 wird er ermordet – und Litauen wieder heidnisch.
1323	Vilnius wird erstmals urkundlich erwähnt, als Großfürst Gediminas zur Stadtgründung deutsche Kaufleute und Handwerker ins Land einlädt. Sie errichten im noch heidnischen Litauen die St.- Nikolaus-Kirche.
14. Jh.	Gediminas und seine Söhne Algirdas und Kestutis expandieren nach Osten und schlagen im Westen Angriffe des deutschen Ordens zurück.
1385	Union Litauens mit Polen durch die Heirat von Algirdas' Sohn Jogaila mit der zehnjährigen polnischen Thronerbin Jadwiga. Der Preis: Sein Bekenntnis zum Christentum und die Zusicherung, das Land Litauen taufen zu lassen. Das Land ist somit eines der größten Reiche in Europa.

…Siegel des Hochmeisters des Deutschen Ordens

1387	Massenhafte Taufen in Litauen.
1401	Machtteilung: Jogaila regiert Polen, sein Cousin Groß-fürst Vytautas Litauen.
1410	Schlacht bei Tannenberg: Der Deutsche Orden wird von Polen-Litauen vernichtend geschlagen.

Polnische Jahrhunderte

1430 Vytautas stirbt ohne Erben, Jogailas Sohn Kasimir wird litauischer Großfürst. Der Einfluss Polens nimmt zu.

1547 Das erste Buch in litauischer Sprache erscheint in Königsberg: eine Übersetzung von Martin Luthers Katechismus. Die Reformation findet nur kurze Zeit Anhänger. Weil die Sprache der Oberschicht Polnisch ist, bleibt der Auftritt der Volkssprache in der Literatur ein Intermezzo.

Die Schlacht bei Tannenberg (Jan Matejko, 1878, Warschau)

1569 Vereinigung Polens und Litauens unter polnischer Führung. Die folgenden 200 Jahre werden beide Länder von einem König regiert. In Vilnius wird das Jesuitenkolleg gegründet.

1558–82 Mit dem Großangriff Iwans des Schrecklichen beginnt der Livländische Krieg. Nordestland und Reval (Tallinn) werden schwedisch, Saaremaa und ein Teil Westkurlands dänisch und Livland polnisch. Kurland und Semgallen bleiben unter Ordensherrschaft, sind aber abhängig von Polen. Litauen bleibt durch die russischen Angriffe geschwächt zurück.

1655 Russland besetzt Vilnius und Kaunas.

1700–21 Großer Nordischer Krieg. Polen-Litauen zieht an der Seite Peters des Großen gegen Schweden. Litauen wird dabei geschwächt.

1709–14 Pestepidemie.

Iwan der Schreckliche (1530–84)

1772–95 Das Ende Polen-Litauens: Russland, Preußen und Österreich teilen sich das Gebiet; Litauen gerät unter russische Herrschaft.

Unter russischer Herrschaft

1831 Fremdherrschaft und die schlechte wirtschaftliche Lage begünstigen Emigration und die Entwicklung einer Befreiungsbewegung; 1830/31 kommt es zum ersten Aufstand.

1832 Schließung der Universität Vilnius als Reaktion auf die Auflehnung.

1863 Ein Aufstand litauischer und polnischer Bauern wird von der Armee des Zaren rigoros niedergeschlagen. Tausende Litauer werden nach Sibirien verschleppt, die beteiligten Adeligen enteignet. Es beginnt eine Periode entschiedener »Russifizierung«: Die lateinische Schrift wird zugunsten der kyrillischen verboten. Litauer müssen ihre Bücher in Preußen drucken lassen und ins Land schmuggeln. In den Schulen unterrichten russische Lehrer in russischer Sprache. Katholische Kirchen werden durch orthodoxe ersetzt. Um das aufsässige Gebiet besser kontrollieren zu können, werden russische Bauern in Litauen angesiedelt. Die umfangreichen Repressalien befördern die Entwicklung einer nationalen Bewegung. Man besinnt sich auf die nationale Identität, die durch Literatur und Lieder erhalten und gepflegt wird.

Erste Unabhängigkeit

1904 Aufhebung des Druckverbots in lateinischer Sprache.

1905 Litauen wird innerhalb des Russischen Reichs zum autonomen Staat. Litauisch wird als Unterrichtssprache zugelassen.

1915 Deutschland besetzt Litauen.

1917/18 Durch den Zusammenbruch des deutschen und russischen Reichs wird für die baltischen Völker der Weg zur Unabhängigkeit frei.

1917 Unter Vorsitz von Antanas Smetona entsteht der Litauische Rat.

Als Fantasie-Stadtansicht wird Litauen auf einem Holzschnitt in der Schedelschen Weltchronik dargestellt (1493)

Notgeld von 1922 für das Gebiet Memel

1918	Am 16. Februar wird die Republik Litauen ausgerufen. Bis heute wird dieser Tag als Unabhängigkeitstag gefeiert. Die deutschen Truppen ziehen nach ihrer Niederlage ab.
1920	Die Sowjetunion erkennt Litauen als souveränen Staat an. Als Polen Vilnius besetzt, wird Kaunas Hauptstadt.
1922	Aufnahme Litauens in den Völkerbund.
1923	Litauen annektiert das Memelgebiet rund um die Stadt Memel (Klaipèda). Ein Jahr darauf erhält es Autonomiestatus unter litauischer Oberhoheit.
1926	Nach einem Militärputsch wird Antanas Smetona Staatspräsident. Er löst das Parlament auf und bleibt 13 Jahre im Amt.

Zweiter Weltkrieg

1939	Hitler-Stalin-Pakt; das Baltikum wird in einem geheimen Zusatzprotokoll der sowjetischen Interessensphäre zugeordnet. Die Deutschbalten werden umgesiedelt. Litauen wird aufgefordert, militärische Stützpunkte der Sowjets im Land zu dulden.
1940	Sowjetische Truppen besetzen das Baltikum; es folgt der »freiwillige« Beitritt der drei Länder zur Sowjetunion.
1941	Massendeportationen nach Sibirien.
1941–44	Deutsche Besatzung, Verfolgung und Massenmord an der jüdischen Bevölkerung. In Vilnius, Kaunas und Šiauliai entstehen Ghettos. Fast 200 000 Litauer werden ermordet.
1944	Im Herbst Rückeroberung Litauens durch die Rote Armee. Eine kommunistische Regierung wird eingesetzt. Tausende fliehen in Richtung Westen und emigrieren von dort vor allem nach Kanada, Australien und in die USA. Im Land beginnt der Widerstand gegen die Besatzer.

	Sowjetische Besatzung
1949	Zwangskollektivierung der Landwirtschaft. Bis 1953 werden 200 000 Litauer nach Sibirien verschleppt.

Briefmarke des »Memelgebiets« während der deutschen Besatzung

1950er Jahre	Die sowjetischen Besatzer zerschlagen Partisanenbewegungen. Russen werden angesiedelt, das Land industrialisiert. Litauisch bleibt Amtssprache.
1972	Erste Demonstrationen, nachdem sich der Student Romas Kalanta aus Protest gegen das System in Kaunas mit Benzin übergießt und verbrennt.
1983	Die Wortführer der baltischen Oppositionen werden in Arbeitsstraflager geschickt.
1986	Umweltbewegungen formieren sich, aus denen Unabhängigkeitsbestrebungen hervorgehen.
1987	Erste öffentliche Proteste gegen die Besatzer. Gründung der Reformbewegung Sąjūdis.
1988	Am 23. August versammeln sich in Vilnius 250 000 Menschen, um an den 49. Jahrestags des Hitler-Stalin-Paktes zu erinnern.

Zum zweiten Mal unabhängig

1989	Im Februar wird die Kathedrale von Vilnius wieder geweiht. Zum Gedenken des Hitler-Stalin-Pakts vor 50 Jahren bildet sich am 23. August eine Menschenkette von Vilnius bis nach Tallinn. Zwei Millionen Menschen singen dabei die verbotenen traditionellen Lieder. Im Dezember sagt sich die litauische KP von der KPdSU los.
1990	Im Januar kommt Michail Gorbatschow nach Vilnius und ermöglicht ein Mehrparteiensystem. Die ersten freien Wahlen seit 1940 finden am 4. März statt; die Reformbewegung Sąjūdis ist klarer Sieger. Am 11. März erklärt Litauen seine Unabhängigkeit. Vytautas Landsbergis wird Präsident.
1991	Im Januar fordert ein sowjetischer Putschversuch in Vilnius 14 Todesopfer unter Zivilisten. Im Februar ergibt ein Referendum, dass 90,5 Prozent der Litauer die Unabhängigkeit wünschen. Island erkennt die litauische Republik als erster Staat an. Nach dem Moskauer Putsch im August erklären auch Estland und Lettland ihre Unabhängigkeit. Am 6. September Anerkennung aller drei Länder durch die Sowjetunion; am 17. September folgt ihre Aufnahme in die UNO. Rund 1,5 Millionen Russen bleiben im Baltikum.

1993–99	Die sowjetischen Truppen verlassen die baltischen Staaten.
1998	Valdas Adamkus wird litauischer Präsident.
2003	Referenden in allen drei Staaten über den Beitritt in die EU.
2004	Litauen tritt der NATO und der EU bei.
2006	Vereidigung der Minderheitsregierung unter Führung des sozialdemokratischen Minis-terpräsidenten Gediminas Kirkilas.
2009	Dalia Grybauskaite, zuvor EU-Kommissarin, wird als erste Frau in der Geschichte des Landes zur Staatspräsidentin gewählt.
2015	Die Einführung des Euro wird für das Jahr 2015 angestrebt. ■

Die klassizistische Kathedrale St. Stanislaus mit ihrem separaten, »Varpiné« genannten Glockenturm (Vilnius)

Ein Rundgang durch die litauische Hauptstadt

Vilnius ist mit rund 530 000 Einwohnern eine übersichtliche Hauptstadt, heiter und voller Charme, die ihren Namen vom Fluss Vilnia (Welle) erhielt. Ihre oftmals düstere Geschichte ist der Stadt nicht anzusehen: Die Fassaden leuchten in hellen, makellosen Pastellfarben. 1900 Gebäude zählt die UNESCO zum Weltkulturerbe; fast jedes zweite Haus stammt aus dem 16., 17. oder 18. Jahrhundert. Die Höfe der ältesten Universität des Baltikums, die verschlungenen Gassen, die barocken Türme und stolzen Paläste sind liebevoll restauriert. Die kopfsteingepflasterte Altstadt lässt sich am besten zu Fuß erkunden.

Als Vilnius im Jahr 2009 europäische Kulturhauptstadt wurde und die Metropole zugleich ihren 1000. Geburtstag feierte, wurde der Rathausplatz neu gestaltet und die Hotelkapazitäten weiter aufgestockt.

Das »Jerusalem des Ostens«, so hieß Vilnius schon im dem 14. Jahrhundert genannt, als ein Drittel der Bevölkerung jüdisch war und hier sechs jüdische Zeitungen erschienen. Einst sagte man, ein Schuster aus Vilnius kenne

Blick auf die Altstadt von Vilnius und die dahinter entstehende Neue Mitte

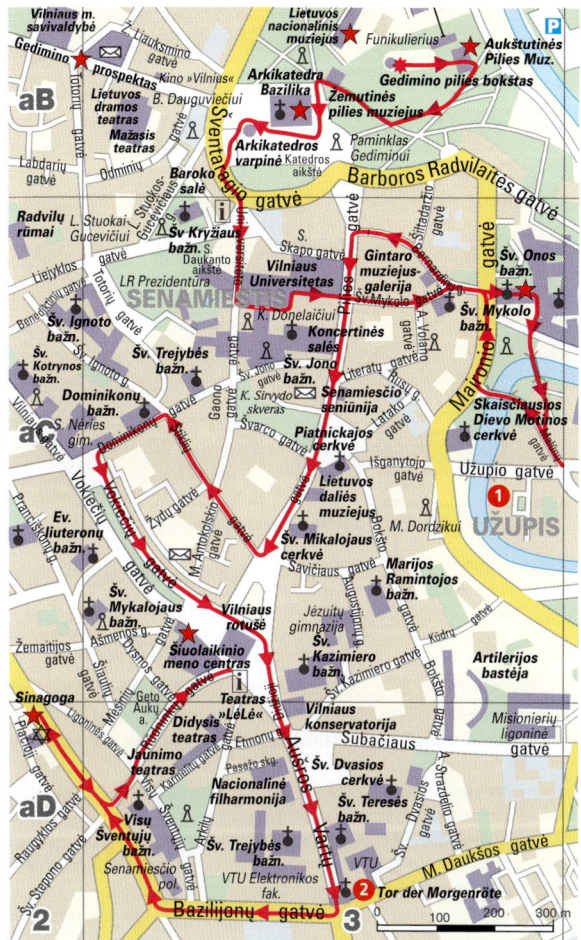

den Talmud besser als ein Rabbi aus New York. Dem Massenmord der Nazis an der jüdischen Bevölkerung fielen in Litauen 200 000 Menschen zum Opfer. Heute sind nur 0,1 Prozent der Bewohner der Stadt Juden.

Zwar verwüsteten im 17. und 18. Jahrhundert Brände das Stadtbild, doch fortan überstand Vilnius die Zeitläufte relativ unbeschadet und so zählt sie nun zu den schönsten Altstädten Osteuropas.

Vilnius ist auch eine Stadt der Kirchen – mehr als 30 katholische, zehn russisch-orthodoxe sowie eine Handvoll für Altgläubige, Protestanten und Karaiter sowie eine Synagoge sind es insgesamt. Nicht nur deshalb sollte man sich für die Hauptstadt ein paar Tage Zeit nehmen – und sich treiben lassen, durch Cafés, vor denen Straßenmusikanten spielen, durch Sträßchen und versteckte

Der Gediminas-Turm ist eines der Wahrzeichen von Vilnius

Höfe, Museen und Geschäfte. Auch am Abend ist eine Menge los – Vilnius rühmt sich einer lebhaften Musik- und insbesondere Jazz-Szene. Als Festivalstadt genießt die litauische Hauptstadt internationalen Ruhm.

Ein guter Ausgangspunkt für Besichtigungen ist der **Burgberg** (Pielis kalnas), den man per Seilbahn (ab Arsenalo gatvė beim Nationalmuseum) oder zu Fuß erklimmen kann. Einen schönen Blick auf die Stadt bietet sich vom achteckigen **Gediminas-Turm** (Gedimino pilies bokštas), dem Überbleibsel der Oberen Burg aus dem 14. Jahrhundert. Heute ist im Wahrzeichen von Vilnius ein Museum zur Geschichte der Oberen Burg (Aukštutinės Pilies Muziejus) untergebracht.

Schaut man vom Aussichtsturm gen Osten, erblickt man den **Hügel der Drei Kreuze** (Trijų kryžių kalnas). Er erinnert an sieben franziskanische Mönche, die hier zur Zeit des Großfürsten Gediminas von missionierungsunwilligen Heiden gekreuzigt worden sein sollen. Vier wurden anschließend ins Tal hinabgeworfen, drei blieben an den Kreuzen, die seither – mit einer knapp 40-jährigen Pause zur Sowjetzeit – an den Märtyrertod erinnern. Die Besatzer hatten sie 1950 gesprengt; 1989 wurden neue Kreuze aus Stahlbeton aufgestellt.

Zu Füßen des Gediminas-Hügels befindet sich der älteste Platz der Stadt – der **Kathedralenplatz** (Arkikatedros aikštė). Der Bildhauer Vytautas Kašuba schuf das **Denkmal für den Stadtgründer Gediminas** (Gedimino paminklas), das 1996 am Ostrand des Platzes errichtet wurde. Es steht an der Stelle, an der Gediminas einer Weissagung zufolge die Stadt errichten sollte. Den Platz dominiert jedoch die weiße, klassizistische Fassade der **St.-Stanislaus-Kathedrale** (Arkikatedra bazilika). Schon

aB3

aB4

aB3

in heidnischen Zeiten soll hier ein Altar gestanden haben. Im Lauf der Jahrhunderte wurde die Kathedrale immer wieder zum Opfer von Kriegen und Bränden. So formte sich ein Stilgemisch aus Gotik, Klassizismus und Barock, mit der barocken **Kasimir-Kapelle** als optischem Höhepunkt: Fresken stellen Szenen aus dem Leben des litauischen Schutzheiligen St. Kasimir dar, der hier im 17. Jahrhundert beigesetzt wurde.

aB3

Während der Sowjetzeit fungierte die Kirche als Kunstgalerie; 1989 wurde sie den Gläubigen zurückgegeben. Vor dem Portal entdeckt man auf dem Boden eine Fliese mit der Inschrift *Stebuklas* (Wunder). Hier begann am 23. August 1989 die Menschenkette nach Tallinn als friedlicher Protest gegen die sowjetischen Besatzer. Wer sich auf der Fliese drei Mal gegen den Uhrzeigersinn dreht und sich dabei etwas wünscht, dessen Wunsch wird laut Überlieferung erfüllt.

Am Fuß des Hügels befinden sich außerdem das **Nationalmuseum** (Lietuvos nacionalinis muziejus), das die Geschichte des Landes von der Steinzeit bis 1940 dokumentiert, und das **Museum für angewandte Kunst** (Taikomosios dailės muziejus) im Alten Arsenal, in dem neben Keramik, Porzellan und antiken Möbeln, sakrale litauische Kunst zu sehen ist. Die Untere Burg wird derzeit noch restauriert.

aB3

Jenseits der Šventaragio gatvė beginnt die eigentliche Altstadt. Zunächst sieht man den **Präsidentenpalast** (Prezidento rūmai), der im 14. Jahrhundert als Bischofssitz errichtet wurde. Das klassizistische Gebäude dient seit 1997 dem litauischen Präsidenten als Amtssitz. Einen schönen Blick auf das Gebäude mit dem grünen Dach bietet der 1582 angelegte Alumnatas-Hof der **Universität** (Vilniaus Universitetas).

aC3

Sängerfeste

Ein Leben ohne Musik kann sich in Litauen – wie auch im übrigen Baltikum – niemand vorstellen. Der größte Chor der Welt kommt während eines Sängerfests zusammen, das erstmals 1869 in Estland stattfand, die Nachbarn zogen bald nach. Diese Tradition, schon lange vor der »singenden Revolution« 1989 fester Bestandteil der nationalen Identitäten, ist lebendiger denn je. In den Jahrzehnten der Unterdrückung ließen sich mit-

tels alter Lieder freiheitliche Ideale erhalten und transportieren – und zwar in einer Sprache, die die Besatzer in der Regel nicht verstanden.

Heute reisen Exilbalten aus der ganzen Welt an, tagelang singen Chöre in der ganzen Stadt – oder versammeln sich in den Arenen der Hauptstädte. 30 000 Sänger fasst etwa die Bühne in Vilnius. Alle vier bis fünf Jahre findet ein Sängerfest statt. Damit die Zeit dazwischen nicht zu lang wird, gibt es in jedem Jahr kleinere Feste. Seit 2003 zählt die UNESCO die großen Sängerfeste zum immateriellen Kulturerbe, seit 2008 außerdem zu den Meisterwerken des mündlichen und immateriellen Erbes der Menschheit.

Ein einmaliges architektonisches Ensemble: Kirche und Glockenturm von St. Johannis (Vilnius)

Ab hier entfaltet die Altstadt ihren ganzen Charme. Die 1597 als Jesuitenkolleg gegründete Universität, eine der ältesten in Europa und die älteste im Baltikum, gruppiert sich um zwölf Höfe. In ihren Gebäuden ist jeder Baustil der vergangenen 400 Jahre Einfluss genommen. 23 000 Studenten sind in zwölf Fakultäten eingeschrieben; darunter ist auch der weltweit einzige Lehrstuhl für Baltistik. Besonders schön ist der **Große Hof** mit der **Johanniskirche**. Die Kirche, deren Fassade an eine Orgel erinnert, wurde 1387 zunächst im gotischem Stil erbaut und entwickelte sich über die Zeit zur barocken Schwelgerei mit gewaltigen Marmorsäulen. 1773 adaptierte man sie zur Universitätskirche; später funktionierten die Sowjets sie zu einem Museum für Wissenschaft und Technik um. Besonders sehenswert ist der barocke Hauptaltar, der aus zehn kleineren Altären besteht.

In der Šv. Mykolo gatvė ist in **Bernstein-Museum und Galerie** (Gintaro muziejus-galerija, tägl. 10–19 Uhr) ausgestellt, was in freier Natur so schwer zu finden ist. In einem Gewölbekeller wird die Entstehung und Verarbeitung des »Baltischen Goldes« (vgl. Kasten S. 66) erklärt, in der Galerie kann man Versteinerungen betrachten. Weiter entlang derselben Straße wurde in der **St.-Michael-Kirche** (Šv. Arkangelo Mykolo bažnyčia) ein **Architekturmuseum** (Mo 10–17, Mi–So 11–18 Uhr) untergebracht, das sich mit der jüngeren Architektur Vilnius' beschäftigt und unter anderem die sowjetischen Bausünden im Weichbild der Stadt zu erklären versucht.

Die gotische Backsteinfassade der zwischen 1495 und 1500 erbauten **St.-Anna-Kirche** (Šv. Onos bažnyčia) leuchtet in prächtigem Rot – ein Gebäude im Zuckerbäckerstil. St. Anna ist eine der schönsten Kirchen der Stadt; so schön, dass Napoleon 1812 gesagt haben soll, am liebsten setzte er sie auf seine Handfläche und trüge sie heim nach Paris. Der neogotische Glockenturm aus dem 19. Jahrhundert steht neben der reich verzierten Kirche; in der Kapelle sitzen Hutzelweibchen mit Kopftüchern und wispern Gebete. Zusammen mit der benachbarten **Bernhardinerkirche** (Šv. Bernardinų bažnyčia) und dem anliegenden Kloster bildet die St.-Anna-Kirche den gotischen Winkel der Hauptstadt. Im ehemaligen Kloster der Bernhardinerinnen residiert inzwischen die Kunstakademie.

Das Künstlerviertel ❶ **Užupis** liegt am jenseitigen Ufer der Vilnia. Bis ins 19. Jahrhundert war es Armen-Vorstadt, heute verbreitet es ein leicht morbides, aber eindeutig exzentrisches Flair. Užupis besitzt alte Häuser, schöne Hinterhöfe, neue Galerien und hübsche kleine Geschäfte – und eine eigene Verfassung. Der Bohème-Stadtteil erklärte sich 1997 zur Republik. Die noch neue Unabhängigkeit wollten einige Užupier seinerzeit besonders intensiv auskosten – und zugleich das Individuum in seiner ganzen Originalität feiern. Jahrestag ist der 1. April (kein Zufall), zu den Verfassungsgrundsätzen gehören Maximen wie »Ein Hund hat das Recht, ein Hund zu sein« (Artikel 12), »Menschen haben das Recht zu sterben, aber es ist keine Pflicht« (Artikel 3) und »Menschen haben das Recht, faul zu sein und nichts zu tun« (Artikel 9). Oder: »Jeder hat das Recht, glücklich zu sein.« Nur logisch: »Jeder hat das Recht, unglücklich zu sein« (Artikel 17). Regierungssitz ist das **Café Užupis Kavine** gleich hinter der Brücke an der Užupis-Straße. In diesem Bohé

»Jenseits des Flusses«: das Künstlerviertel Užupis

mien-Treff wurde die Idee zum Staat in der Stadt geboren; gelegentlich tagen hier die Regierungsmitglieder. Zu den rund 80 Botschaftern der eigenwilligen Republik zählt auch der Dalai Lama Tendzin Gyatsho, der Vilnius 2001 besuchte. Bürger von Užupis kann jeder werden – auch ohne Wohnsitz im Stadtgebiet von Vilnius. Denn Užupier ist man nicht kraft Brief, Siegel oder Wohnsitz, sondern aufgrund anarchistischer Geisteshaltung.

Vom Gotischen Winkel führt die Šv. Mykolo Straße – oder die schöne Parallelstraße Bernardinų – zurück zur Pilies gatvė, der Hauptflaniermeile zwischen Kathedrale und Rathaus, die auf halber Strecke in die Didžioji gatvė (Große Straße) übergeht. Vom Balkon des Hauses Nummer 26 wurde 1918 die erste Unabhängigkeit Litauens proklamiert. Ein Stück weiter liegt zur Linken die russisch-orthodoxe **Nikolaus-Kirche** (Šv. Mikolajaus cerkvė), ein eindrucksvoller Barockbau. Da Vilnius und seine Kirchen ein schier unerschöpfliches Kapitel sind, ist es ratsam, eine Auswahl zu treffen.

Auf der rechten Seite der Didžioji gatvė stößt man auf das alte **Jüdische Viertel**, in dessen schmalen Gassen viele nette Cafés und gute Restaurants liegen. Ein Stück weiter erhebt sich an der Straße Domininkonų die **Kirche des Heiligen Geistes** (Šv. Dvasios Domininkonų bažnyčia), deren im 18. Jahrhundert restauriertes Interieur unter der 47 Meter hohen Kuppel zu den schönsten Litauens zählt. Sehenswert sind vor allem die Orgel und 45 Gemälde, teils in vergoldeten Rahmen. Diese Kirche war auch während der Sowjetzeit geöffnet; bis heute wird hier die Messe auf Polnisch gelesen.

Vilnius: die orthodoxe Heiliggeistkirche mit ihrem einzigartigen Flügelaltar

Folgt man der Didžioji gatvė weiter, liegt zur Linken die rosa leuchtende **Kasimir-Kirche** (Šv. Kazimiero baž-nyčia), die älteste Barockkirche der Stadt, die 1604–16 errichtet wurde. Die Sowjets schreckten nicht davor zu-rück, in ihr ein Museum des Atheismus einzurichten. 1989 übergab man sie jedoch wieder der katholischen Kirche.

Den **Rathausplatz** lässt man rechts liegen, bevor die Didžioji gatvė in die Aušros Vartų mündet. Die **Heiliggeistkirche** (Šv. Trejybės bažnyčia) ist die wichtigste orthodoxe Kirche Litauens und der Sitz des Erzbischofs; im Hof befindet sich ein Kloster. Zu den sakralen Highlights zählt das nahe ❷ **Tor der Mor-**

Das Tor der Morgenröte ist Teil der historischen Stadtmauer von Vilnius

genröte (Aušros Vartai), eines der wichtigsten katholischen Heiligtümer Litauens. Von der im 16. Jahrhundert erbauten drei Kilometer langen Stadtmauer sind nur noch vereinzelte Reste in Vilnius zu sehen; von den ursprünglich neun Toren ist das Tor der Morgenröte als einziges erhalten geblieben. In der Kapelle des Tors ist eine vergoldete Ikone der Barmherzigen Muttergottes zu sehen. Sie stellt eine seltene Abbildung der Madonna ohne Kind dar. Da ihr Wunderkräfte zugeschrieben werden, entwickelte sich die Kapelle zu einem weltweit bekannten, katholischen Pilgerziel.

aD3

Wer noch nicht müde ist, kann von hier aus einen Abstecher zur 1903 errichteten **Synagoge** (Sinagoga) in der Pylimo gatvė machen; sie ist das verbliebene von einstmals 96 jüdischen Gotteshäusern.

aD2

Unweit des Tors der Morgenröte und des Rathausplatzes liegt das reizvolle **Zentrum für Zeitgenössische Kunst** (Šiuolaikinio meno centras). Es zeigt postmoderne Arbeiten litauischer Künstler und ambitionierte, bisweilen kontroverse internationale Ausstellungen. Mit 2400

aC3

Quadratmetern ist dies der größte Ausstellungsort für zeitgenössische Kunst im Baltikum.

Am Rand der Altstadt informieren zwei Museen und die Gedenkstätte Paneriai über die jüngere Geschichte der Stadt. Das **KGB-Museum** (Genocido aukų muziejus) ist nichts für schwache Nerven. Früher die Zentrale des sowjetischen Geheimdienstes, versammelt es Dokumente über die Unterdrückung der litauischen Bevölkerung während der sowjetischen Besatzung von 1940 bis 1990. Zu sehen sind zudem die Erschießungskammern und das einstige KGB-Gefängnis.

Ganz in der Nähe liegt das **Holocaust-Museum** (Holokausto ekspozicija, Mo–Do 9–17, So 10–16 Uhr), das das Schicksal der jüdischen Bevölkerung während des Zweiten Weltkriegs dokumentiert. Die Nationalsozialisten ermordeten 94 Prozent der rund 250 000 litauischen Juden. Die ältere Geschichte der jüdischen Litauens vom 14. bis zum 18. Jahrhundert, die Zeit, in der Vilnius die Welthauptstadt jüdischer Gelehrsamkeit war, wird im **Jüdischen Museum** (Valstybinis Vilniaus Gaono žydų muziejus) im Zentrum für Toleranz in der Naugarduko gatve 10/2 dokumentiert (Mo 11–19, Di–Do 10–18, Fr/So 10–16 Uhr).

Die **Gedenkstätte Paneriai** (Panerių memorialinis muziejus), acht Kilometer südwestlich der Altstadt gelegen, erinnert an 100 000 Menschen, die die Nationalsozialisten zwischen 1941 und 1944 in einem Wald in diesem Stadtteil ermordeten. Etwa zwei Drittel von ihnen waren Juden. 1991 ersetzte dieses Mahnmal das Denkmal für die Opfer faschistischen Terrors. In einem kleinen Museum (© 680-812 78, So–Do 9–17 Uhr) sind Dokumente und persönliche Gegenstände der Opfer ausgestellt.

Ausflüge in die Umgebung:

❸ Trakai

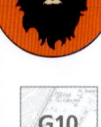

Die 30 Kilometer von Vilnius entfernte Wasserburg Trakai ist das Wahrzeichen Litauens. Bevor man Vilnius zur Hauptstadt ernannte, war Trakai die Residenz des Großfürsten Gediminas und noch zur Zeit des Großfürsten Vytautas eine blühende Markt- und Residenzstadt. Die einstige Bedeutung ist dem Städtchen Trakai (9000 Einwohner) zwar nicht mehr anzusehen, doch liegt es so malerisch auf einer Halbinsel zwischen drei Seen und die gleichnamige gotische Inselburg – die einzige in Europa – ist so imposant, dass sich an Sommerwochenenden die halbe Hauptstadt hierher aufmacht. Das ganze Areal ist heute als Nationalpark geschützt.

Die gotische Inselburg erreicht man über eine lange Holzbrücke. Die Seeufer sind gesäumt von bunten Booten und Straßenmusiker spielen auf dem Akkordeon – Trakai ist ein malerisches Ziel für einen unvergesslichen Sommertag. Für Litauer hat die Burg nicht nur als Ausflugsziel besondere Bedeutung. Sie ist auch ein Symbol für die Wehrhaftigkeit ihres Landes gegen die Kreuzritter.

Plan der Burg Trakai

Heute ist hier ein **Historisches Museum** (Trakų istorijos muziejus, Mai–Sept. tägl. 10–19, sonst Di–So 10–17/18 Uhr) untergebracht, das die Geschicke von Stadt und Burg dokumentiert. Die Burg entstand im 14. Jahrhundert, wurde 1655 im Krieg mit Russland zerstört und in den 1950er Jahren gründlich restauriert. Dabei entdeckte man Silbermünzen aus dem 14. bis 18. Jahrhundert, die heute im Museum hinter Glas liegen. Im Burghof finden im Sommer häufig Konzerte statt. Die zweite Burg am Seeufer ist nur noch eine Ruine.

Die **Vytautas-Kirche**, eine der ältesten des Landes, trägt den Namen des Großfürsten, der sie 1409 stiftete.

Die aus Ziegelsteinen erbaute Wasserburg Trakai war im späten Mittelalter Machtzentrum des Fürstentums Litauen

Die gotische Fassade bereitet kaum auf die drallen Putten im barocken Inneren vor.

Das **Karaite Museum** auf der schmalen Halbinsel der Altstadt ist dem Leben der Karäer gewidmet (Karaimų etnografinė paroda, Karaimu gatvė 22, Mi–So 10–18 Uhr, www.trakaimuziejus.lt). Die Angehörigen dieser jüdischen Splittergruppe kamen Ende des 14. Jahrhunderts nach Litauen, als Vytautas sie aus der Krim verschleppte und zu seiner Leibgarde machte. Ihre Lebensgewohnheiten behielten sie über die Jahrhunderte bei. Etwa 120 Karäer leben noch in gelb-grünen Holzhäusern in der Altstadt. Zu erreichen ist Trakai mit dem Auto über die A4 oder täglich per Bus (vom Busbahnhof) und Bahn.

Touristeninformation Trakai
Vytauto g. 69, 21001 Trakai
✆ (528) 519 34, www.trakai-visit.lt, Mai–Aug. Mo 9–17.15, Di–Fr 9–18, Sa/So 9–15, Sept. Mo–Fr 8–17.15, Fr bis 15.45, Sa/So 9–15, Okt.–April Mo–Do 8–17, Fr 8–15.45 Uhr

Nationalparkverwaltung Trakai
Karaimų g. 5, Trakai,
✆ (528) 557 76, www.seniejitrakai.lt

❹ **Europa-Park/Europos parkas**

1991 begründete der litauische Künstler Gintaras Karosas den Skulpturenpark Europos Parkas – eine Art **Freilichtmuseum für moderne Kunst**. Zunächst holte er die Zustimmung des Staates als Besitzer der Fläche ein, dann rodete er in Eigenarbeit Teile des dichten Waldes, bevor er sich an die künstlerische Gestaltung machte.

Mehr als 100 Skulpturen von Künstlern aus 35 Ländern sind heute in Lichtungen aufgebaut, in denen sich früher nur Hasen und Rehwild begegneten. Außer Exponaten wie der mit 2903 Geräten größten Fernseher-Installation der Welt – bestehend aus nicht mehr funktionierenden Geräten sowjetischer Herkunft – besichtigt man mitten im Grünen das von Karosas gestaltete Dreieck, das den Mittelpunkt Europas symbolisiert (der aber doch ein paar Kilometer weiter nördlich liegen soll, vgl. S. 23). Kreisförmig angeordnete Schilder erklären, dass es von hier aus 182 Kilometer nach Minsk seien, 827 nach Berlin, 1705 nach Paris und 1324 nach Sofia.

Der Park liegt zehn Kilometer außerhalb der Stadt an der Straße Verkiai. Mit dem Auto fährt man entlang der Kalvarijų gatvė bis zum Kreisverkehr Santariskes, biegt nach rechts ab in Richtung Žalieji ežerai (Grüne Seen) und folgt dann den Schildern. Außerdem fährt ein Bus (»Žalgirio St. – Europos Parkas-Skirgiškės«) von der Haltestelle Žalgirio (Kalvarijų g.) dorthin.

Europa-Park/Europos Parkas
Joneikiskiu k., 15148 Vilniaus

Land-Art nördlich von Vilnius: Dennis Oppenheims »Chair Pool« (1996) im Europa-Park

✆ (5) 237 70 77, www.europosparkas.lt
Tägl. 10 Uhr bis Sonnenuntergang, Eintritt Lt 25/11, Führungen (englisch, russisch, litauisch) Lt 100
Mehr als 100 Skulpturen aus der ganzen Welt in einem 55 ha großen Park. Ein Café lädt zur Stärkung.

Medininkai

Der **Juozapinės kalnas** (Josephinenberg) ist mit 294 Metern die höchste Erhebung Litauens. Der Hügel ist 30 Kilometer von Vilnius und etwa vier Kilometer von der Grenze zu Weißrussland entfernt zu finden, in der Nähe des Dorfes Medininkai (500 Einwohner, 1500 im Amtsbezirk). Eine **Burgruine** erinnert heute an die einstige Bedeutung Medininkais, das an der Straße nach Vilnius lag und den einfallenden Kreuzrittern und Trataren trotze.

Die Ruinen der 1402 zum ersten Mal erwähnten Burg sind sehenswert. Die Auflösung der Kolchose, in der vor der Wende das ganze Dorf beschäftigt war, hat dem Ort jedoch beträchtliche Arbeitslosigkeit (rund 60 Prozent) und die damit verbundenen Probleme beschert.

Mittelpunkt Europas/Europos centras

25 Kilometer nördlich von Vilnius, bei 25 Grad 19 Minuten östlicher Länge und 54 Grad 54 Minuten nördlicher Breite liegt das geografische Zentrum des europäischen Kontinents. Mit Stolz verweisen Litauer darauf, dass neutrale französische Wissenschaftler dies herausgefunden haben. Auf einem Hügel von Purnuškės markiert ein neun Tonnen schwerer Findling den Mittelpunkt. ▪

Service-Informationen zu Vilnius

> **Tipp:** Die **Vilnius City Card** gewährt Rabatte auf den Eintritt in Museen und Sehenswürdigkeiten sowie in Clubs und Geschäften. Sie kostet Lt 45 für einen Tag, Lt 58 mit Fahrausweis, Lt 90 für 72 Stunden (mit Fahrausweis), 5 Prozent Rabatt für Kinder unter 14 Jahren. In Touristeninformationen, am Flughafen, im (Bus-)Bahnhof und in vielen Hotels kann man sie erwerben. Adressen und aktuelle Termine bietet der kostenlose Download unter www.inyourpocket.com (unter dem Stichwort Lithuania Vilnius anklicken).

Kirchen geben dem Stadtbild von Vilnius bis heute sein unverwechselbares Gesicht

Vilnius Touristen-informationen
– Vilniaus g. 22, 01119 Vilnius
✆ (5) 262 96 60
www.vilnius-tourism.lt aC2
Mo–So 9–18 Uhr
– Didžioji g. 31 (Rathaus)
01128 Vilnius aC3
Tägl. 9–12.30 und 13.15–18 Uhr

Burgturm von Gediminas-Berg aB3
Arsenalo g. 5, Vilnius
✆ (5) 261 74 53, www.lnm.lt
Mai–Sept. tägl. 10–19, Okt.–April tägl. 10–17 Uhr, Eintritt Lt 5/2
Der Turm der alten Burg auf dem Gediminas-Berg ist per Seilbahn (ab Arsenal gatvė am Nationalmuseum, Ticket Lt 3/2) oder zu Fuß erreichbar. Innen erzählt eine Ausstellung die Geschichte der Burg, die aus dem 13. und 15. Jh. stammt. Schöne Aussicht vom **Gediminas-Turm.**

Jüdische Geschichte in Litauen dokumentiert das Holocaust-Museum in Vilnius; Foto des Ghetto-Orchesters in Kauen (Kaunas)

Holocaust-Museum im Grünen Haus aB2
Pamėnkalnio g.12, Vilnius
✆ (5) 262 07 30
Mo–Do 9–17, Fr/So 10–16 Uhr
Eintritt Lt 5/2
Die Ausstellungen »Holocaust« und »Die Synagogen von Vilnius« stellen das Schicksal der jüdischen Bevölkerung während des Zweiten Weltkriegs dar. Das Museum

ist zwar klein, die Exponate und Schilderungen schaffen es dennoch, das Ausmaß des Grauens fassbar zu machen.

KGB-Museum/Genocido aukų muziejus
Aukų g. 2a, Vilnius

☎ (5) 249 62 64, www.genocid.lt/muziejus
Mi–Sa 10–18, So 10–17 Uhr, Führung Lt 50, Eintritt Lt 6/3
Das ehemalige Gefängnis ist dem Originalzustand noch bedrückend nahe – samt einer Zelle für Wasserfolter und einem Hinrichtungsraum. Eine Ausstellung dokumentiert außerdem die Zeit der deutschen und der sowjetischen Besatzung sowie der Genozide.

Museum für angewandte Kunst/ Taikomosios dailės muziejus
Arsenalo g. 3a, Vilnius

☎ (5) 262 8080, www.ldm.lt
Di–Sa 11–18, So 11–16 Uhr, Eintritt Lt 6/3
Überreste des alten Fürstenpalastes, Miniaturen älterer Ansichten der Stadt und eine Ausstellung religiöser Artefakte.

Nationalmuseum/Lietuvos nacionalinis muziejus
Arsenalo g. 1, Vilnius

☎ (5) 262 94 26, www.lnm.lt
Mi–So 10–17 Uhr
Eintritt Lt 5/2
Die Geschichte Litauens vom 13. Jh. bis heute; unter den Exponaten sind auch einige, erst 2002 in der Unteren Burg ausgegrabene Münzen und Textilien, die bei den Überresten von napoleonischen Soldaten gefunden wurden.

Zentrum für Toleranz des jüdischen Museums Vilna Gaon/Valstybinis Vilniaus Gaono žydų muziejus
Naugarduko g. 10/12

☎ (5) 262 96 66, www.jmuseum.lt
Mo–Do 10–18, Fr/So 10–16 Uhr, Eintritt Lt 5/2
In einem schön restaurierten ehemaligen jüdischen Theater befindet sich diese Dauerausstellung über jüdisches Leben nebst einem Kulturzentrum.

Zentrum für Zeitgenössische Kunst/ Šiuolaikinio meno centras (CAC)
Vokiečių g. 2, Vilnius
☎ (5) 26 08 960, www.cac.lt
Di–So 12–20 Uhr, Eintritt Lt 8/4
Das Contemporary Arts Centre (CAC) ist die berüchtigtste Institution im Land – und eine der führenden Kunsthallen für innovative und interdisziplinäre Kunst. Direktor Kestutis Kuizinas findet und zeigt in fünf bis sechs Großausstellungen pro Jahr die neuesten Trends der internationalen Szene.

Frank Zappa Memorial/Paminklas F. Zapai
Kalinausko g. 1, Vilnius

Damit konnte Frank Zappa nicht rechnen: Dem 1993 verstorbenen amerikanischen Musiker wurde nach seinem Tod eine Statue (gestaltet vom 2011 verstorbenen Bildhauer Konstantinas Bogdanas) in Vilnius errichtet. Der örtliche Zappa-Fanclub hielt es für seine Pflicht.

Gedenkstätte Paneriai/ Panerių memorialinis muziejus
Agrastų g. 17, Vilnius

Besichtigung nach Anmeldung unter ℰ (680) 812 78 nach Vereinbarung

Zu erreichen ist die beschilderte Gedenkstätte über die Straße Savanorių und die E 28 oder mit dem Zug vom Hauptbahnhof nach Trakai (an der Station Paneriai aussteigen). Sie erinnert an die 100 000 hier von den Nazis ermordeten Menschen zwischen 1941 und 1944. Für Kinder ist die explizite Darstellung des Massenmords nicht geeignet.

Gediminas Prospekt
Die Shoppingmeile beginnt gleich gegenüber der Kathedrale und führt bis zum Unabhängigkeitsplatz. Hier sind alle üblichen internationalen Modeketten vertreten. Außerdem kommt man entlang dieser Magistrale vorbei an der Nationalbibliothek, der Musikakademie und dem Nationaltheater, dessen Eingang die Skulptur »Fest der drei Musen« schmückt.

St.-Anna-Kirche/Šv. Onos bažnyčia
Maironio g., Vilnius

Während der Gottesdienste keine Besichtigung

Die wunderschöne gotische Kirche wurde zwischen 1495 und 1500 von Benedikt Rejt entworfen. Die Verwendung verschieden geformter Backsteine verleiht ihr ein besonders filigranes Erscheinungsbild. Der Glockenturm datiert von 1873.

St.-Stanislaus-Kathedrale/Arkikatedra Bazilika
Katedras a. 1, Vilnius

ℰ (5) 261 11 27

www.katedra.lt

Tägl. 7.30–9 und 15.30–19 Uhr (variiert)

Eintritt frei, 18.30 Uhr Messe in lateinischer Sprache

Die erste christliche Kirche an diesem Ort war die 1258 von Großfürst Mindaugas anlässlich seiner Taufe gestiftete. Später wurde sie noch einmal durch einen heidnischen Tempel ersetzt, bevor sie endgültig christlich und Schauplatz der Krönungsfeierlichkeiten der polnischen Könige wurde. Der jetzige Bau stammt größtenteils aus dem 18. und frühen 19. Jh. Sehenswert sind die elf Kapellen und insbesondere die Barockkapelle des Heiligen Kasimirs, des Schutzpatrons Litauens.

Die St.-Anna-Kirche in Vilnius: eines der Meisterwerke der nordosteuropäischen Backsteinarchitektur und der litauischen Hochgotik, dahinter die Bernhardiner-Kirche

 Synagoge/Sinagoga
Pylimo g. 39, Vilnius, ℂ (5) 261 25 23
Ungewöhnlich ist im Inneren der Synagoge – der einzigen von einstmals über 100 Synagogen in Vilnius, die noch existiert und ihrer religiösen Bestimmung dient – der Chorbereich, der an christliche Gotteshäuser erinnert.

 Tor der Morgenröte/Aušros Vartai
Aušros Vartų g. 12, Vilnius
ℂ (5) 212 35 13
Tägl. bis Sonnenuntergang, Eintritt frei, tägl. 7.30 Uhr Messe in lateinischer Sprache
Die am heiligen Marienbild vorbeiziehenden Pilger sieht man schon von weitem; wer die schiefen Stufen erklimmt, sieht das neoklassizistische Interieur der Kapelle, die im 19. Jh. neu gestaltet wurde. Fast immer sind hier Pilger unterwegs; manche legen die letzte Etappe zum Heiligtum auf Knien zurück.

 Stikliai
Gaono g. 7, Vilnius
ℂ (5) 264 95 80
www.stikliaihotel.lt
So/Mo geschl.
Die erste Adresse der Stadt, im gleichnamigen Hotel im Herzen der Altstadt. Französisch geprägte Küche, aber auch litauische Gerichte, die raffiniert interpretiert werden und etwas leichter geraten als in der klassischen Landesküche. Zwanglose Atmosphäre, freundliches Perso-

aD2

aD3

aC3

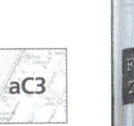

Denkmal für den US-amerikanischen Musiker Frank Zappa in Vilnius

27

Die Skulptur »Fest der drei Musen« am Nationaltheater in Vilnius

nal. Hier tafeln auch Staatsgäste. €€€

Avilys
Iniaus g. 34, Vilnius
☎ (686) 68 525
www.avilys.lt
Das hauseigene, honighaltige Bier findet den Weg in (beinahe) jedes der deftigen Gerichte. €€

Marceliukės klėtis
Tuskulėnų g. 35 Vilnius
☎ (5) 272 50 87
Traditionelle Küche mit den womöglich besten *cepelinai* der Stadt (allerdings etwas außerhalb der Altstadt gelegen). Das große, urig eingerichtete Restaurant gehört dem berühmten litauischen Basketball-Spieler Vytenis Urba. €€

Zemaiciai
Vokiečių g. 24
☎ (5) 261 65 73
www.zemaiciai.lt
Traditionelle litauische Küche und hausgebrautes Bier in verschlungenen alten Kellergewölben. €€

Ritos Smuklė
Žirmūnų g. 68, Vilnius
☎ (5) 277 07 68
Litauische Küche, wörtlich genommen: Verwendet wird nur, was Saison hat – und zwar hier. €

Užupis Kavine
Užupio g. 2
☎ (8) 521 22 11 38, www.uzupiokavine.lt
Der »Regierungssitz« der »Republik« Užupis bietet einen schönen Blick auf den Fluss und eine Karte mit kleinen Gerichten. Abends wird das Café zur Bar (bis 23 Uhr). €

Amber
Aušros Vartų g. 9, Vilnius
☎ (5) 212 19 88
www.ambergift.lt, Mo–Fr 10–19, Sa/So bis 17 Uhr
Bernstein ist in Litauen preiswerter als anderswo, allerdings sollte man nicht bei Händlern auf der Straße zu-

schlagen – es ist nicht alles echt, was schimmert. »Amber« führt eine große Auswahl schöner (Schmuck-)Stücke.

Gariūnai-Markt

Autos, Altkleider, Haushaltsgegenstände und alle erdenklichen Objekte werden hier von morgens bis mittags (Di–So 6–14 Uhr) feilgeboten; 4 km außerhalb an der Straße nach Kaunas gelegen.

Ramunė Piekautaitė

Didžioji g. 20, Vilnius
✆ (5) 231 22 70, www.ramunepiekautaite.com
Mo–Fr 11–19.30, Sa bis 18, So bis 16 Uhr
Edle Stoffe, klassische, feminine Linien: Urbane Eleganz ist das Markenzeichen der preisgekrönten litauischen Designerin Ramunė Piekautaitė.

Senasis Kuparas

Dominikonų g. 14, Vilnius
✆ (5) 262 40 71, www.kuparas.lt
Mo–Fr 10–19, Sa 10–18, So 10–15 Uhr.
Hier findet man russische Ikonen und Samoware, alte Stiche und Kopien alter Meister, schöne Möbel und viele echte Raritäten.

Souvenir-Markt

Eher an touristischen Bedürfnissen orientiert ist dieser kleine Markt in der Altstadt (Pilies g. 23, 9–19 Uhr), wo es Kunsthandwerk und Kitsch gibt.

Yzzy

Gaono g. 10, Vilnius
✆ (5) 262 89 61, www.yzzy.lt
Mo–Fr 11–19, Sa 11–16 Uhr
Diverse litauische Designer unter einem Dach.

Sky-Bar

Reval Hotel Lietuva, Konstitucijos p. 20, Vilnius
✆ (5) 272 62 00, www.sky-bar.lt
Cocktails mit Aussicht in der 22. Etage: Zu den Drinks genießt man einen fabelhaften Blick über die Altstadt.

Piano.lt

Trakų 9/1, Vilnius
✆ (5) 203 28 91, www.piano.lt
Kleiner, aber feiner Spielort für Konzerte von Jazz bis Klassik.

Philharmonie

Aušros Vartų g. 5, Vilnius
✆ (5) 266 52 33, www.nationalphilharmonic.eu
Kartenverkauf Di–Sa 10–19, So 10–12 Uhr
In diesem Konzertsaal finden hochklassige Konzerte zu moderaten Preisen statt. ∎

Reiseregionen, Orte und Sehenswürdigkeiten

AUKŠTAITIJA-NATIONALPARK UND DER OSTEN

Anykščiai

Am Zusammenfluss der Flüsse Šventoji und Anykšta gelegen, ist das Städtchen und Verwaltungszentrum des gleichnamigen Bezirks zu einem Anziehungspunkt litauischer Literaturliebhaber geworden. Antanas Baranauskas (1835–1902) verbrachte als St. Petersburger Student 1858 und 1859 seine Sommerferien in einem Speicher auf dem Gut seiner Familie und verfasste hier das Gedicht »Der Hain von Anykščiai«, das erste große lyrische Gedicht in litauischer Sprache.

1925 baute der Autor Antanas Vienuolis-Žukauskas (1882–1957) auf dem Gut der Baranauskas sein Haus und blieb mehr als 30 Jahre. Er legte einen Apfelgarten an, den er sich zur letzten Ruhestätte auserkor. Zudem besaß er das erste Radio in der Stadt.

Das Haus ist so belassen wie zu Lebzeiten des Schriftstellers, der hier das erste Museum für den älteren Kollegen Baranauskas einrichtete.

 Muziejus Antanas Vienuolis- Žukauskas
Vienuolio g. 4, 29147 Anykščiai
✆ (381) 580 15, www.baranauskas.lt
Sept.–Juni tägl. 8–17, Juli/Aug. tägl. 9–18 Uhr
Eintritt Lt 3,5/2,5
Zum Museum gehört auch der Speicher von Antanas Baranauskas.

Aukštaitija-Nationalpark

400 Quadratkilometer dichter Wälder sind im Aukštaitija-Nationalpark seit 1974 unter Schutz gestellt und bilden den ältesten und größten Nationalpark des Landes. Das Gebiet liegt etwa 100 Kilometer nordöstlich von Vilnius. Es ist eine Landschaft zum Träumen: nichts als tiefer Wald,

48 der in Litauen vorkommenden Vogelarten sind in der Roten Liste gefährdeter Arten verzeichnet, darunter auch der Fischreiher

Marschen und Wiesen, 30 Flüsse, eine Seenplatte aus 102 Seen sowie zahlreiche kleinere Wasserläufe. Trotz der Nähe zu einem Atomkraftwerk (vgl. Kasten S. 32) ist die Landschaft intakt,

Im Aukštaitija-Nationalpark, dem größten und ältesten Nationalpark Litauens

die Ansiedlungen sind uralt, das Leben scheint hier gemächlicher zu verstreichen als anderswo. Außer Ruhe und Abgeschiedenheit vermittelt der Nationalpark auch einen Eindruck davon, wie das Leben in Mitteleuropa in früheren Zeiten ausgesehen haben mag.

Größter See ist der Dringis-See mit 721 Hektar, tiefster der Tauragnas-See mit gut 60 Metern. Hier liegt das Dorf **Tauragnai**, das 1387 zum ersten Mal erwähnt wurde. Aus dem Zeimena-See bei **Kaltanėnai**, wo ein Kloster aus dem 17. Jahrhundert zu sehen ist, entspringt der Fluss Zeimena, der als der schönste Strom des Parks gilt. Aber auch die kleineren Flüsse – Kriauna, Lukna, Buka, Sventele, Stregzda – haben ihren Reiz. Insbesondere natürlich

D11

E12

Litauens Naturparks

Die Natur Litauens ist weitgehend unberührt. Damit das so bleibt, sind große Flächen unter Naturschutz gestellt. Statt kurzfristig Massen anzulocken, wurde die reiche Natur als Kapital für einen langfristigen, aber verträglichen Tourismus erkannt.

Litauen besitzt fünf Nationalparks: den Aukštaitija-Park mit seiner wunderschönen Seenplatte, den Dzūkija- und den Žemaitija-Nationalpark, die Kurische Nehrung und den Historischen Nationalpark Trakai, zu dem neben der Wasserburg und dem Städtchen auch die Seenplatte ringsum gehört.

Ein Kleiber auf Nahrungssuche

Zu den Nationalparks kommen die Regionalparks – 30 in Litauen –, die mit so unterschiedlichen Attraktionen wie einer Zuchtstation für Auerochsen (in Krekenava) oder erkennbaren Resten alter Verteidigungslinien gegen die Überfälle der Kreuzritter (im Nemunas-Regionalpark) aufwarten.

80 Dörfer, viele mit traditionellen Holzhäusern, sind in den Aukštaitija-Nationalpark getupft – und illustrieren, wie das Leben hier seit alters verläuft.

Gefährlicher Brüter

Litauen besitzt noch immer ein – mittlerweile immerhin stillgelegtes – Atomkraftwerk jenes fragwürdigen Typs, in dem 1986 in Tschernobyl der verhängnisvolle Störfall auftrat. Es befindet sich 200 km nordöstlich von Kaunas bei Ignalina; der erste Reaktor wurde 1975 gebaut. Ursprünglich sollten es insgesamt vier werden, doch nachdem der zweite 1987 fertiggestellt war, setzte sich die Unabhängigkeitsbewegung – die teilweise aus Umweltschutzgruppen entstand – erfolgreich gegen den Weiterbau zur Wehr.

Bedingung für den EU-Beitritt Litauens war, das Kraftwerk vom Netz zu nehmen. Einer der beiden Reaktoren wurde vereinbarungsgemäß bis Ende 2004 abgeschaltet, der zweite wurde 2009 vom Netz genommen. Seither ist Litauen stärker auf Gasimporte aus Russland angewiesen, als das dem Land politisch recht ist.

für alle Formen des Wassersports, vom Baden bis zum Kajak- oder Kanufahren. Ein weites Netz an Wanderwegen ist ebenfalls vorhanden und führt zu den im Park verstreuten Ortschaften.

Insgesamt gibt es 80 sehr ursprünglich gebliebene Sprengel auf dem Gelände des Nationalparks. Und natürlich jede Menge Fauna und Flora, darunter viele Pflanzenarten, die in Litauen als gefährdet gelten. Wanderer können auf den Anblick von Hirschen, Wildschweinen, Wölfen und Elchen hoffen. Auch Biber und Wapitis kommen vor. Um den Nationalpark wirklich kennen zu lernen, ist Kanufahren ideal. Die meisten Wasserläufe und Seen sind miteinander verbunden, so dass man das Boot nur gelegentlich und nur kürzere Strecken über Land tragen muss.

Touristisches und Verwaltungszentrum ist der kleine Ort **Palūšė**, der 1651 zum ersten Mal erwähnt wurde. Einen Besuch lohnt dort die hübsche, auf einem Hügel gelegene Holzkirche **St. Joseph**, die im 18. Jahrhundert errichtet wurde und drei sehenswerte barocke Altäre besitzt.

D/E12

 Aukštaitija-Nationalpark
Lūšių g. 16, Palūšė
✆ (386) 531 35
www.anp.lt
Eintritt Lt 2

Litauen hat die dichteste Storchenpopulation der Welt

Bei der Nationalparkverwaltung können Boote, Zelte, Schlafsäcke und diverse andere Ausrüstungsgegenstände ausgeliehen werden. Sie vermittelt außerdem einfache und preiswerte Unterkünfte in Palūšė, Ignalina und an anderen Orten im Park und organisiert geführte Boots- und Wandertouren; auf Anfrage mit deutschsprachigem Führer. Die meisten der im Park ausgewiesenen Campingplätze haben keine Toiletten und kein fließendes Wasser. Wildes Cam-

pen, das außerhalb des Parks toleriert wird, ist innerhalb seiner Grenzen nicht gestattet. Einen kleinen, aber modernen Campingplatz besitzt Palūšė.

> ℹ️ **Palūšė Touristeninformation**
> Palūšė, 30202 Ignalina Bezirk
> ☎ (386) 474 30
> info@paluse.lt

D/E12

Hier gibt es auch Angellizenzen. Für einen Tag bezahlt man Lt 1, für einen Monat Lt 3.

DRUSKININKAI UND DER SÜDEN

Druskininkai

Nahe dem Dreiländereck mit Polen und Weißrussland liegt der wichtigste Kurort Litauens, der vor allem wegen seiner Quellen und der heilsamen Moorbäder besucht wird. Seit 1794 ist Druskininkai (20 000 Einwohner) ganz offiziell ein Kurort. Elegante Villen erinnern an adelige Kurgäste der Gründertage. Auch die Umgebung hat ihren Zauber bewahrt: Der größte litauische Nationalpark **Dzūkija** (550 km²) schließt an die Stadt an – ein perfektes Gebiet für ausgiebige Streifzüge durch die tiefe, verwunschene Waldlandschaft, in der sogar Elche und Wölfe leben.

J8

H/J 8/9

Druskininkai ist im Umbruch begriffen. Nach der Wende blieben die russischen Badegäste weg, die neue Elite brauchte Zeit, den Ort für sich zu entdecken. Dennoch sind viele neue Hotels entstanden, die mehr und mehr westliche Besucher in den waldreichen Süden Litauens locken – wegen der schönen Lage an der Nemunas und wegen der im Vergleich zu Westeuropa sehr preiswerten Anwendungen. Die Plattenbauten, die die Sowjets recht großzügig über das Stadtgebiet verstreuten, verschwinden nach und nach. Ein besonders monumentales Beispiel sowjetischer Bauästhetik ist das noch erhaltene, ehemalige Physiotherapie-Zentrum an der Straße Vilniaus 11, für das eine erschütternde Menge Beton verbaut wurde.

Sehenswert ist die **russisch-orthodoxe Kirche**, ein wunderschönes blaues Holzgebäude

Von Zwiebeltürmchen bekrönt: die orthodoxe Holzkirche in Druskininkai

unter runden Zwiebeltürmen am Laisvės-Platz. Sie wurde 1865 erbaut und besitzt eine ansehnliche Sammlung an Ikonen und Gemälden.

In Druskininkai verbrachte der bedeutende litauische Maler und Komponist Mikalojus Konstantinas Čiurlionis (1875–1911) prägende Jahre. Das **Čiurlionis-Museum** in der nach ihm benannten Straße zeigt im Elternhaus des Künstlers eine Dauerausstellung zu Leben und Werk des doppelt Begabten. An derselben Straße liegen weitere interessante Museen. In der **Jonynas-Galerie** sind Zeichnungen, Grafiken, Skulpturen und Gemälde des litauischen Malers Vytautas Kazimieras Jonynas (1907–97) zu sehen. Das **Forstmuseum Echo des Waldes** (Girios aidas) erklärt die Fauna und Flora Litauens anhand eines von Mauern umgebenen Waldes. Eine Eiche wächst mitten durch das Gebäude.

J8

 Druskininkai Touristeninformation
– Čiurlionio g. 65, 66119 Druskininkai
✆ (313) 517 77, Mo–Sa 10–13 u. 13.45–18.45, So 10–17 Uhr
– Gardino g. 3
✆ (313) 608 00, www.druskininkai.lt
Mo–Do 8.30–12.15 u. 13–17.15, Fr bis 16.15 Uhr

 **Čiurlionis-Nationalmuseum/**
Čiurlionio memorialinis muziejus
M. K. Čiurlionio g. 35, Druskininkai
www.ciurlionis.lt
Di–So 11–17 Uhr, Eintritt Lt 4/2
Noten, Notizen, Instrumente und andere persönliche Gegenstände aus dem Besitz des berühmten Malers und Komponisten Mikalojus Konstantinas Čiurlionis. Im Sommer finden am Wochenende Klavierkonzerte statt.

Musik und Malerei: Mikalojus Konstantinas Čiurlionis

Mikalojus Konstantinas Čiurlionis, 1875 im nahe von Druskininkai gelegenen Varėna geboren, gelang es als Maler und Musiker, die Grenzen zwischen den Disziplinen aufzuheben. Seine Bilder malte der polnischsprachige Künstler nach musikalischen Gesetzen. In sinfonischen Dichtungen wie »Im Walde« (1901) – das die eigenständige Musikgeschichte Litauens begründete – oder »Das Meer« (1907) ist seine Liebe zur traditionellen Folklore erkennbar, in seinen Gemälden, denen er sich ab 1910 ausschließlich widmete, die Nähe zur Mythologie.

Er schrieb Musik für Klavier und Geige, engagierte sich für die nationale Unabhängigkeitsbewegung und organisierte 1907 die erste Ausstellung litauischer Kunst.

Als er 1911 mit 35 Jahren in Warschau an Lungenentzündung starb, hinterließ Čiurlionis – neben einer einjährigen Tochter – 300 Gemälde.

Sein Werk ist im nach ihm benannten Nationalmuseum in Kaunas ausgestellt. Sein Elternhaus in Druskininkai, wo er einen Teil seiner Jugend verbrachte, ist heute ein sehenswertes Museum.

An den Ufern des Druskonis-Sees stehen schöne Villen vom Anfang des 20. Jahrhunderts (Druskininkai)

**Forstmuseum Echo des Waldes/
Miško muziejus Girios aidas**
M. K. Čiurlionio g. 102, Druskininkai
✆ (313) 539 01, Di–So 10–18 Uhr, Eintritt Lt 3/2
Alles Wissenswerte über Fauna und Flora des Waldes, besonders anschaulich präsentiert.

J8

Jacques-Lipchitz-Museum/Muziejus Lipšico
Šv. Jokūbo g. 17, Druskininkai
✆ (313) 560 77, www.muziejai.lt
Vorübergehend geschl., der genaue Wiedereröffnungstermin ist noch offen
Die kleine Ausstellung ist dem Bildhauer Jacques Lipchitz (1891–1973) gewidmet, neben Čiurlionis ein weiterer großer Sohn der Stadt.

V.-K.-Jonynas-Galerie/V.-K-Jonyno galerija
M. K. Čiurlionio g. 41, Druskininkai
✆ (313) 527 55, Di–So 11–17 Uhr, Eintritt Lt 4/2
Die Zweigstelle des Čiurlionis-Nationalmuseum zeigt Zeichnungen, Grafiken und Projektentwürfe des Künstlers V.K. Jonynas.

Čiurlionis-Weg/Čiurlionio kelias
Den Čiurlionis-Weg zwischen den mit dem Leben des Künstlers eng verbundenen Orten Varėna und Druskininkai zieren die geschnitzten Skulpturen litauischer Volkskünstler.

Regina
Kosciuškos g. 3, Druskininkai
✆ (313) 590 60, www.regina.lt

Das größte Restaurant der Stadt mit internationaler Küche im gleichnamigen Hotel. €€

 Europa Royale
Vilniaus g. 7, Druskininkai
℡ (313) 422 21, www.europaroyale.com
Zur Auswahl stehen Salate, Suppen und eine kleine Karte mit ausgezeichneten Fleischgerichten in einem hell und einladend eingerichteten Restaurant. Die Lokalität gehört zu einem herrschaftlichen Hotel – die wohl beste Adresse der Stadt – und befindet sich in einem ehemaligen Herrenhaus. €€

 Café Mona Liza
Kudirkos g. 37, Druskininkai
℡ (698) 353 64
Nettes Café im ehemaligen Gebäude der Post; die Dekoration spielt mit da Vincis Meisterwerk. €

 Vilnius Spa
Dineikos g. 1, Druskininkai
℡ (313) 537 33, www.spa-vilnius.lt
Modernes Wellness-Hotel mit Mineralwasser-Pool, Schlammbädern, Kräuterbädern und Massagen.

Aqua Park
Vilniaus al. 13-2, Druskininkai
℡ (370) 313 523 38, www.akvapark.lt
Das Gebäude war einst eine sowjetische Scheußlichkeit, wurde aber zu einem riesigen Aqua- und Vergnügungspark umgestaltet. Die Wasserrutschbahn soll eine der längsten in Europa sein. Zudem gibt es 20 Saunen, ein Hotel, Restaurants und eine Bowling-Bahn.

Grüto Parkas

Abmontierte Denkmäler der sowjetisch-kommunistischen Helden haben in diesem etwas bizarren Freilichtmuseum eine letzte Ruhestätte gefunden. Da liegen nun die Köpfe von Lenin und Stalin und auch der eine oder andere Marx und Engels hat den Weg hergefunden. Diese vielleicht weltweit größte Sammlung sowjetischer Relikte und ein angeschlossenes Museum sind auf einem 20 Hektar großen Areal etwa acht Kilometer außerhalb von Druskininkai zu bewundern. Eröffnet hat das Museum im Jahr 2002 der litauische Millionär Viliumas Malinauskas, der sein Vermögen der Holzwirtschaft verdankt.

 Grüto Parkas
Grütas, Druskininkai
An der A 4, etwa 8 km nordöstlich von Druskininkai
℡ (313) 555 11, www.grutoparkas.lt
Im Sommer tägl. 9–20, im Winter tägl. 9–17 Uhr
Eintritt Lt 20/10

Vogelbeobachtung ist nur eine der Möglichkeiten, die Fauna des Dzūkija-Nationalparks zu erkunden

Merkinė und Dzūkija-Nationalpark

Das Städtchen Merkinė liegt mitten im Dzūkija-National-park am Zusammenfluss von Nemunas und Merkys und ist somit ein guter Ausgangspunkt für Streifzüge durch die tiefen Wälder ringsum. Der Park beginnt zehn Kilometer östlich von Druskininkai und ist ideales Terrain zum Wandern, Radeln, Angeln, Kanufahren auf den Nebenflüssen der Nemunas, zum Reiten und zur Vogelbeobachtung. Er besteht zu 80 Prozent aus Wald, aber auch auf uralte kleine Dörfer, sowie Seen und einige Lehrpfade stößt man.

Merkinė selbst entstand im 14. Jahrhundert. Im Zweiten Weltkrieg wurde es fast völlig zerstört. Erhalten ist die gotische **Kirche Mariä Himmelfahrt**. Einen wunderschönen Blick auf das Nemunas-Tal bietet der alte **Burghügel**. Die Burg selbst existiert nicht mehr.

Dzūkija-Nationalpark
Vilniuaus g. 3, Merkinė, 65334 Varėna
℡ (310) 446 41, www.dzukijosparkas.lt

IM HERZEN LITAUENS: KAUNAS UND UMGEBUNG

Birštonas

Durch grünhügelige Landschaft erreicht man von Kaunas aus nach einer etwa halbstündigen Autofahrt in südlicher Richtung Birštonas. Wohin man auch in diesem Städtchen (3200 Einwohner) geht, man landet am Fluss. Der ein wenig verschlafene Kurort liegt idyllisch, umgeben von tiefen Wäldern des **Nemunas-Schleifen-Regio-**

Fähre über die Nemunas (Memel) in der Nähe von Birštonas

nalparks. Die ruhige Lage und reiche Natur machen ihn zu einer echten Oase. Seit 1846 wurde das Mineralwasser der Gegend in den Dienst der Gesundheit (und des Tourismus) gestellt. Dem Fürsten Vytautas, der hier gejagt haben soll, hat man ein Denkmal errichtet.

Touristeninformation Birštonas
B. Sruogos 4, 59206 Birštonas
✆ (319) 657 40, www.visitbirstonas.lt, Sa 10–18, So 10-16, Sept.–Mai Sa bis 18 Uhr, Okt.–April So geschl.

Birštonas Museum/Birštono muziejus
Vytauto g. 9, Birštonas
✆ (319) 656 05, www.birstonomuziejus.lt
Di–Fr 10–17, Sa 11–17, So 11–16 Uhr, Eintritt frei
500 Exponate dokumentieren die Geschichte von Stadt und Kurort.

Museum für sakrale Kunst/Sakralinis muziejus
Birutės g. 10, 59217 Birštonas
✆ (319) 656 99, www.sakralinis.lt
Di–Fr 10–18, Sa 11–17, So 11–16 Uhr. Eintritt frei
Eine kleine Sammlung von religiösen Gemälden, Skulpturen und Kunsthandwerk.

Birštonas Jazz-Festival
www.birstonokultura.lt/jazz.
In geraden Jahren findet im März das Birštonas Jazzfestival statt, das älteste seiner Art in Litauen, andem auch viele einheimische Musiker teilnehmen.

Restaurant Sonata
Algirdo g. 34, 59204 Birstonas
℃ (319) 65 825, www.sonatahotel.lt
Sehr gute litauische und internationale Gerichte im Restaurant eines kleinen Hotels. Im Sommer sitzt es sich angenehm auf der schönen Terrasse.

❺ Kaunas

Kaunas liegt idyllisch – und, was sich im Lauf der Geschichte immer wieder als nützlich erwies, strategisch günstig – zwischen grünen Hügeln am Zusammenfluss von Neris und Nemunas (Memel). Erstmals erwähnt wurde Kaunas bereits 1140. Um diese Zeit entstand eine erste Befestigung an der Stelle, an der sich heute die Überreste einer Kaunasser Burg befinden.

Die Altstadt ist mit vielen gotischen Gebäuden, mit Museen, Kirchen und einer entspannten Atmosphäre ein schöner Ort zum Flanieren. Obwohl Kaunas Universitätsstadt und ein wichtiger Wirtschaftsstandort in Litauen ist, spürt man diesen Status zumindest nicht am Preisniveau: Kaunas ist preiswerter als Vilnius.

Mit 360 000 Einwohnern, sechs Hochschulen und einem regem kulturellen Leben sieht sich Kaunas gerne als heimliche Hauptstadt Litauens. Nach dem Ersten Weltkrieg, als Vilnius zu Polen gehörte, war sie es tatsächlich. Immerhin 20 Jahre – von 1920 bis 1940 – währte diese Übergangslösung. Über 90 Prozent der Einwohner sind Litauer. Was anderswo kaum überraschen würde, wird hier besonders betont – schließlich ist Litauen wie seine baltischen Nachbarn ein Vielnationenstaat. So rühmt sich Kaunas, das immer ein wenig im Schatten der großen Schwester Vilnius steht, die »authentischste litauische« Stadt des Landes zu sein.

Vom **Aleksotas-Hügel** hat man einen schönen Blick auf die Altstadt, hinauf geht es zu Fuß oder mit der Seilbahn (Abfahrt am Südufer der Nemunas auf Höhe der Vytautas-Kirche).

Die Fußgängerzone **Vilniaus gatvė** ist mit Geschäften und Restaurants (und den für Kaunas typischen Telefonzellen, die Hauben tragen) eine

Kaunas – Flaniermeile entlang liebevoll restaurierter Gebäude in der Vilniaus gatvė

schöne Flaniermeile. Fast alle der liebevoll restaurierten Gebäude stammen aus dem 16. Jahrhundert. Sie führt in die Altstadt und zum von alten, von Kastanien beschatteten **Rathausplatz** (Rotušės aikštė). Ihn säumen die gotischen Fassaden historischer Kaufmannshäuser. Das 1542 erbaute **Rathaus** selbst wird seiner weißen, schlanken Architektur wegen der »weiße Schwan« genannt und gleicht mit dem hohen Turm eher einer Kirche denn einem Verwaltungsgebäude. Heute werden hier Ehen geschlossen und im **Keramikmuseum**, im Parterre, Geschichte und Schönheit litauischer Keramik dokumentiert.

Das **Perkūnas-Haus** (Perkūno namai: Donnerhaus) an der Südseite des Platzes ist mit Türmchen und Erkern eine spätgotische Perle, die Ende des 15. Jahrhunderts aus unterschiedlichen Ziegelarten errichtet wurde. Im 19. Jahrhundert wurde eine Statue des heidnischen Donnergottes in einer Mauer gefunden, was Spekulationen Raum gab, dies sei einmal eine heidnische Stätte gewesen. Heute ist das Gebäude Teil der Jesuitenschule.

Die **Vytautas-Kirche** (Vytauto bažnyčia) am Flussufer ist einer der ältesten gotischen Bauten in Kaunas. Sie wurde zu Beginn des 15. Jahrhunderts errichtet, um die noch nicht lange christianisierten Litauer zu beeindrucken. Jenseits des Rathausplatzes sieht man die Reste der **Kaunasser Burg** (Kauno pilis). Sie wurde im 13. Jahrhundert in strategisch günstiger Lage am Zusammenfluss von Neris und Nemunas erbaut, um heranrückende Kreuzritter abzuwehren – mit Erfolg, denn denen gelang es nie, Litauen zu unterwerfen. Über die Jahrhunderte wurde sie dennoch mehrmals zerstört und immer wieder setzte ihr das Hochwasser der Flüsse zu.

Die **Kathedrale St. Peter und Paul** (Petro ir Povilo arkikatedra bazilika), der größte gotische Bau Litauens, thront nordöstlich vom Rathausplatz an der Vilniaus gatvė. Im Laufe der Zeit – Baubeginn war 1408 – erhielt sie neben Renaissance- und Barock-Elementen auch gleich neun Altäre. Besonders üppig ist der wuchtige, spätbarocke Große Altar (1775) geraten.

Die **Freiheitsallee** (Laisvės alėja) verbindet Alt- und Neustadt miteinander und ist ebenfalls eine Flaniermeile mit Geschäften und Cafés. Sie führt am monumentalen **Vytautas-Denkmal** (Vytauto Didžioji skulptūra) vorbei zur **Mykolas-Žilinskas-Kunstgalerie** (Žilinsko dailės galerija), in der ägyptische Kunst, Gemälde europäischer Meister, Porzellan und Skulpturen, vor allem aus der Sammlung des Mäzens Mykolas Žilinskas, ausgestellt werden. Die katholische **Erzengel-Michael-Kirche** (Šv. Mykolo Arkangelo bažnyčia) mit ihren vielen Kuppeln war zur Sowjetzeit ein Museum; nun werden im schönen Innenraum wieder Messen gefeiert. Für die Kuppeln der Ende des 19. Jahrhunderts errichteten Kirche zeichnen russische Architekten verantwortlich.

Biegt man am Ende der Freiheitsallee nach links, erreicht man die **Gemäldegalerie** (Kauno Paveikslų Galeri-

Kuppellandschaft der Erzengel-Michael-Kirche im roten Abendlicht (Kaunas)

ja). Hier ist moderne litauische Kunst (seit 1945) ausgestellt. Das **Čiurlionis-Museum** (Čiurlionis dailės muziejus) zeigt, zwei Querstraßen nördlich der Freiheitsallee an der Straße Putvinskio, litauische Kunst vom 16. Jahrhundert bis Anfang des 20. Jahrhunderts (darunter auch viel Volkskunst). In einer separaten Galerie sind rund 300 Zeichnungen und Gemälde des Malers und Musikers Mikalojus Konstantinas Čiurlionis aus Druskininkai zu sehen. In einem Konzertsaal werden seine Kompositionen gespielt.

Über 2000 Teufel aus der ganzen Welt sind im einzigartigen ❻ **Teufelsmuseum** (Velnių muziejus) in derselben Straße auf drei Etagen in Glaskästen zur Ruhe gebettet. Die Ausstellungsräume wirken zwar ein wenig muffig, doch die Exponate entschädigen für die etwas altbackene Form der Präsentation: Skandinavische Trolle, kubanische Teufel, litauische Karnevalsmasken, liebenswürdig-trottelig dreinblickende Teufel aus der Ukraine, Teufel mit Gitarre und Rassel aus Venezuela, die über Litauen tanzenden Fratzen Hitlers und Stalins sowie Masken aus Afrika, Indien und China – es ist eine einzigartige Kollektion teuflischer Subjekte.

Zu verdanken ist die Sammlung dem Impressionisten Antnas Žmuidzinavičiaus (1876–1966), dessen Arbeiten neben seinen 260 Teufeln zu besichtigen sind. Die Sammlung wächst immer noch weiter: Aus der ganzen Welt erhält das Museum Teufel aus Holz, Glas und Keramik.

ℹ️ Kaunas Touristeninformation
Laisvės alėja 36
44240 Kaunas
✆ (37) 32 34 36
www.visit.kaunas.lt

Tor der »Blaue Synagoge« in Kaunas

Mai, Sept. Mo–Fr 9–18, Sa 10–15, Juni–Aug. Mo–Fr 9–18, Sa ab 10, So 10–15 Uhr

Gemäldegalerie/ Kauno Paveikslų Galerija bA6
K. Donelaičio g. 16, Kaunas
✆ (37) 22 17 79
Di–So 11–17 Uhr
Eintritt Lt 4/2
Litauische Kunst des 20. Jh.

Keramikmuseum/ Keramikos muziejus
Rotušės a. 15, Kaunas
✆ (37) 20 35 72
Di–So 11–17 Uhr   bB2
Eintritt Lt 4/2
Die kleine Ausstellung im Keller des Rathauses zeigt sowohl Tonscherben aus dem 15. Jh., die bei Ausgrabungen gefunden wurden, als auch hochwertige handbemalte Kacheln zeitgenössischer Kunsthandwerker.

 bA6 **Museum im 9. Fort/Kauno IX forto muziejus**
Žemaičių pl. 73, Kaunas
✆ (37) 37 77 50
April–Okt. tägl. außer Di 10–18, Nov.–März Mi–So 10–16 Uhr, Eintritt Lt 6/3
In der jüngsten der Festungen, die zur Verteidigung der Stadt angelegt wurden, befand sich ab 1924 ein Gefängnis. Zeitweise wurde es vom KGB genutzt, dann von den Nazis, die hier Tausende Juden ermordeten, dann wieder von den Sowjets. Die Ausstellungen zu Holocaust und Verfolgung sind so informativ wie erschütternd.

 bA5 **M. K. Čiurlionis-Museum/ M. K. Čiurlionis dailės muziejus**
Putvinskio g. 55, Kaunas
✆ (37) 22 94 75
www.ciurlionis.lt
Di–So 11–17 Uhr
Eintritt Lt 6/3
Sehenswerte Sammlung litauischer Kunst und Ausstellung von Werken des Namenspatrons des Museums.

bB6 **Mykolas-Zilinskas-Kunstgalerie/ M. Žilinsko dailės galerijos**
Nepriklausomybės a. 12, Kaunas,
✆ (37) 22 28 53, www.ciurloinis.lt

Di–So 11–17 Uhr, Eintritt Lt 6/3
Europäische Gemälde, darunter der einzige
Rubens in Litauen.

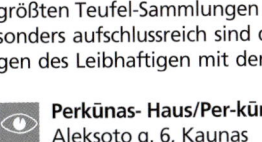

⑥ Teufelsmuseum/Velnių muziejus
Putvinskio g. 64, Kaunas
☎ (37) 22 15 87   bA5
Di–So 11–17 Uhr
Eintritt Lt 6/3
Nicht versäumen: Womöglich eine der
größten Teufel-Sammlungen der Welt. Besonders aufschlussreich sind die Darstellun-
gen des Leibhaftigen mit den Zügen Stalins.

*Exponat aus dem
Teufelsmuseum
(Kaunas)*

 Perkūnas- Haus/Per-kūno namai
Aleksoto g. 6, Kaunas
☎ (641) 446 14   bB2
Mo–Fr 10–17 Uhr (nach tel. Anmeldung)
Das gotische Gebäude (15. Jh.) erinnert ein wenig
an St. Anna in Vilnius. Heute finden hier Unter-
richtsveranstaltungen der Jesuiten statt.

 Rathaus/Rotušė
Rotušės aikštė   bB2
Kaunas
Der schlanke, 53 m hohe Turm des alten Rathauses ist das
Wahrzeichen von Kaunas. Das Gebäude datiert von
1542.

 St. Peter- und Paul-Kathedrale/
Petro ir Povilo arkikatedra bazilika   bB2/3
Vilniaus g. 1, Kaunas
☎ (37) 32 40 93
Die ab 1408 erbaute Kirche mit neun Altären wurde im
17. Jh. restauriert. Tägl. mehrere Messen.

Vytautas-Kirche/Vytauto bažnyčia
Aleksoto g. 3, Kaunas   bB2
☎ (37) 20 38 54
Erbaut wurde diese Kirche im 15. Jh., doch wurde sie von
der Geschichte nicht immer geschont. Napoleons Armee
nutzte sie als Munitionslager und steckte sie anschließend in Brand. Im 19. Jh. war sie orthodox; heute ist sie
in katholischer Hand.

 Avilys
Vilniaus g. 34, Kaunas   bB3
☎ (37) 68 66 85 25, www.avilys.lt
Litauische Küche und hauseigenes Bier (Avilio und etwas
stärkeres Honigbier) in einem Keller im Herzen der Altstadt. €€

 Medžiotojų užeiga
Rotušės a. 10, Kaunas   bB2

© (37) 32 09 56, www.medziotojai.lt
Wild- und litauische Spezialitäten in gepflegtem Ambiente am Rathausplatz. Im Winter prasselt Kaminfeuer. €€

🍴 Žalias Ratas
bB5
Laisvės alėja 36b, Kaunas
© (37) 20 00 50
Speisen am Kaminfeuer in rustikalem Ambiente in der Altstadt. Das Personal agiert in Tracht. Gute litauische Küche. €€

🍴 Pas Stanley
bB3
Vilniaus g. 24, Kaunas
© (650) 36 506, www.pas-stanley.com
Sehr beliebtes Restaurant (internationale Küche) in der Altstadt. Freundlicher Service. An den Tischen vor der Tür kann man sich an kühlen Sommerabenden in Decken hüllen. €

🍴 Bernelių užeiga
bB2
M. Valančiaus g. 9, Kaunas
© (37) 20 09 13, www.berneliuuzeiga.eu
Alle litauischen Nationalgerichte, hausgebrautes Bier. Gleichermaßen beliebt bei Einheimischen und Besuchern. €

🍸 Mojo Lounge
bA5
V. Putvinskio g. 50, Kaunas
© (657) 534 40, Fr/Sa 22–5 Uhr
Nicht allzu große, aber schöne Lounge- und Cocktailbar mit Terrasse.

🍸 W 1640
bB3
Kurpių g. 29, Kaunas

---

200 Sorten Bier

In Kaunas (und natürlich auch in Vilnius) ist es besonders auffällig: Jede Kneipe scheint hier ihr eigenes Bier zu brauen. Und fast so verhält es sich auch. Der litauische ist der größte der (ohnehin großen) baltischen Biermärkte mit einem Pro-Kopf-Verbrauch von 75 Litern im Jahr. Mehr als 200 Sorten Bier werden in Litauen gebraut. In Kaunas heißen die beliebtesten

Marken Horn, Utenos, Kalnapilis, Ragutis und Tauras. Obacht: Nicht alle

begnügen sich mit fünf Prozentvolumen Alkohol, auch sieben oder sogar zehn sind nicht unbekannt. Zudem werden sie meist in recht voluminösen Gefäßen ausgeschenkt. Wer tiefer in die Materie eintauchen will, kann in Litauen einer »Bier-Route« folgen, die von Biržai im Norden über Rinkuškiai bis nach Klaipėda führt.

Landwirtschaftlicher Kleinunternehmer im Herzen Litauens

℡ (657) 534 40
Kleine, feine Bar mit großer Auswahl an Whisky (150 Erzeugnisse aus mehr als 60 Destillerien überall in der Welt) und etwas kleinerer an litauischen Bieren.

Linas-Medis Suvenyrai
Vilniaus g. 32, Kaunas
℡ (37) 20 38 05
www.gintarinissuvenyras.lt
Hochwertiges Leinen und wunderschönes Holzspielzeug für Kinder.

Kėdainiai

Kėdainiai (Kedahnen; 31 000 Einwohner) an der Nevėžis liegt eine halbe Autostunde (55 km) nördlich von Kaunas und ist wegen seiner ungewöhnlichen Geschichte, aber auch wegen der sehr gut erhaltenen Altstadt ein interessantes Ziel. Mehrere Herrenhäuser und Schlösser des litauischen Adels sind erhalten und heute größtenteils öffentliche oder Verwaltungsgebäude. 1372 wurde Kėdainiai vom Chronisten Herman Wartberge erstmals erwähnt, 1590 erhielt sie das Magdeburger Stadtrecht.

Die Stadt entwickelte sich zum Zentrum der litauischen Reformation, die aber in Litauen zu keiner Massenbewegung wurde. So waren dank des schützenden Einflusses der protestantischen Fürstenfamilie Radvila vor 300 Jahren 50 Prozent der Bewohner Schotten. Auch litauische Protestanten fanden hier einen Zufluchtsort und 1629 siedelten sich deutsche Lutheraner an. In Kėdainiai waren auch katholische, russisch-orthodoxe und jüdische Gemeinden ansässig. Im 17. Jahrhundert lebten Angehörige verschiedener Religionen und Nationalitäten in der Stadt friedlich zusammen, wobei die Reformierten den besonderen Schutz der herrschenden Familie genossen. Dieser Blüte folgte ein Niedergang der

Stadt durch Kriege, eine verheerende Feuersbrunst im 18. Jahrhundert und der Ausbruch der Pest.

Die festungsartige **evangelisch-reformierte Kirche** (Evangelikų reformatų bažnyčia) aus der ersten Hälfte des 17. Jahrhunderts existiert bis heute. Das Kirchenschiff ist im Stil der Renaissance gehalten, es wird gekrönt von vier barocken Türmen. Im **Mausoleum** (Kunigaikščių Radvilų mauzoliejus, Senoji 1, Di–Sa 11–16 Uhr, Eintritt Lt 5/3) sind sechs Sarkophage der Familie Radvila aus dem 17. Jahrhundert zu sehen. Zwei **Synagogen** haben den Zweiten Weltkrieg überdauert. Sie befinden sich mitten in der Altstadt, dienen heute aber als Schule bzw. als Ausstellungsfläche und Spielort für Konzerte. Sie kann besichtigt werden (Senoji Rinka 12, Di–Sa 10–17 Uhr, Eintritt Lt 4/2).

Die sehenswerte barocke **Holzkirche St. Joseph** (Šv. Juozapo bažnyčia) an der Straße Radvilų datiert aus dem 18. Jahrhundert. Vor allem die Stadtgeschichte dokumentiert das **Regionalmuseum** (Kėdainių krašto muziejus) an der Straße Didžioji. Vom früher lebhaften Handelstreiben in Kėdainiai zeugen vier erhaltene Marktplätze.

Ein auffälliges Bauwerk ist das beim Bahnhof in einem Park gelegene, 30 Meter hohe Minarett, das der russische General Graf von Totleben 1880 auf seinem Land erbauen ließ.

Ein Meer roter Tulpen

Touristeninformation Kėdainiai
Didžioji g. 1
57248 Kėdainiai
℡ (347) 603 63
www.visitkedainiai.lt
Mo–Fr 8–12 und 13–17, Juni–Aug. auch Sa 9–14 Uhr

Kėdainiai Regionalmuseum/
Kėdainių kraštomuziejus
Didžioji g. 19 , Kėdainiai
℡ (347) 536 85
Di–Sa 10–17 Uhr, Eintritt Lt 4/2
30 000 (!) Exponate erzählen die Geschichte der Stadt
und der Region in einem sehenswerten ehemaligen Kloster. Zur Sammlung gehören auch einige Besitztümer des
Fürsten Jonušas Radvila.

Kernavė

Kernavė war die erste Hauptstadt Litauens. Erstmals erwähnt wird sie im Jahr 1279. Um diese Zeit war sie auch
Hauptstadt und kulturelles wie wirtschaftliches Zentrum
des Landes. Archäologische Ausgrabungen haben in den
vergangenen 30 Jahren allerdings eine wesentlich weiter
zurückreichende Geschichte enthüllt: Es wurden Spuren
menschlicher Besiede-
lung gefunden, die auf
das 10. Jahrhundert vor
Christus datiert werden,
aber auch Spuren aus
dem frühen Mittelalter.
In Kernavė entdeckte
man die einzige Befesti-
gungsanlage im ganzen
Ostseeraum, die auf
fünf Hügeln angelegt
ist.

Beim Angriff der
Kreuzritter 1390 wurde
Kernavė völlig zerstört
und verlor somit an Be-
deutung. Die Reste der
Stadt verschwanden un-
ter einer dicken Schicht
von Ablagerungen – so
wurden die verschiede-
nen Ebenen der Vergan-
genheit bestens für die
Zukunft bewahrt. Zur
Ausgrabungsstätte ge-
hört ein Museum, das
bis auf Weiteres wegen
Renovierungsarbeiten
geschlossen ist.

Religion in Litauen

Während Estland und Lettland evangelisch-lutherisch geprägt sind – bis auf den russisch-orthodoxen Bevölkerungsanteil –, ist Litauen überwiegend katholisch. Das liegt an der Geschichte: Die historischen Provinzen Estland, Livland und Kurland (im heutigen Estland und Lettland) standen im Mittelalter unter deutscher,

Gotische Kirche aus dem 16. Jahrhundert in Zapyškis westlich von Kaunas

dänischer und schwedischer Herrschaft. Die Reformation gab es als Dreingabe. Einzig im Osten Lettlands ist die katholische Kirche noch stark vertreten.

Litauen dagegen gehörte über Jahrhunderte zum katholischen Polen. Hier hat die Religion im Alltag heute einen deutlich höheren Stellenwert als bei den nördlichen Nachbarn, deren Kirchbesuche sich in der Regel auf familiäre Ereignisse beschränken – und auch das nur unter einer relativ niedrigen Zahl von Kirchenmitgliedern. Während der Sowjetzeit war Atheismus verordnet, die meisten Gotteshäuser geschlossen. Bestenfalls fungierten sie als Galerien und Konzertsäle, nicht selten wurden sie als Lagerräume zweckentfremdet. Nach der Unabhängigkeit hatten es die Kirchen im Baltikum schwer, mit ihrem Eigentum auch die verlorenen Schäfchen zurückzugewinnen. Vor allem junge Leute hatten wenig Bezug zur Religion. Anders sah es bei der älteren Bevölkerung aus – und eben in Litauen. Hier erlebte die Religion seit der Unabhängigkeit geradezu eine Renaissance.

F9

ℹ️ **Tourismusbüro Kernavė**
Kerniaus g. 4, 19172 Kernavė
✆ (382) 473 15, Mo–Fr 9–17 Uhr

🏛️ **Ausgrabungsstätte Kernavė/**
Kernavės archeologijos ir istorijos muziejus
Kerniaus g. 4a, Kernavė
✆ (382) 47 385, www.kernave.org
Geführte Touren April–Okt. Di–Sa 10–17.30 Uhr (Lt 50)
Das archäologische und historische Museum zeigt Exponate von der Altsteinzeit bis zum 18. Jh. (April-Okt. Di–Sa 10–17, Nov.–März bis 16 Uhr, Eintritt Lt 6). Die Ausgrabungsstätte, die von der UNESCO zum Weltkulturerbe gezählt wird, kann ebenfalls besichtigt werden.

F8

Kloster Pažaislis und Kaunasser Meer

Das 1664 bis 1719 unter Federführung dreier italienischer Baumeister für den strengen Kamaldulenser Orden errichtete Kloster Pažaislis (Pažaislo vienuolynas, Di–So 11–17 Uhr) zählt zu den schönsten Barockanlagen in Litauen. Michelangelo Palloni, Pietro Perti und Joan Merli arbeiteten »nebenbei« auch an der St. Peter- und Paul-Kirche in Vilnius. 1831 übertrug der russische Zar das Kloster orthodoxen Priestern, in deren Händen es bis 1915 blieb. Nachdem die Anlage zur Sowjetzeit zeitweise zur

Psychiatrie umfunktioniert wurde, leben hier seit 1990 wieder Nonnen.

Die Klosterkirche besitzt üppige Fresken, erhalten sind noch zwei schlichte Eremitenhäuser. Derzeit sind die Restaurierungsarbeiten wegen fehlender finanzieller Mittel auf Eis gelegt. Im Haupthof befindet sich das Grab von Alexei Fjodorowitsch Lwow (1798–1870), Komponist der russischen Zarenhymne »Den Zaren schütze Gott« (1833).

Pažaislis ist Hauptschauplatz des berühmten gleichnamigen Musikfestivals (© 37-20 35 47, www.pazaislis.lt), das jedes Jahr von Juni bis August stattfindet.

Das Kloster liegt am südwestlichen Ufer des Kaunasser Stausees (Kauno juros). Der See wird mit nur milder Übertreibung »Meer« genannt: Er misst immerhin 63,5 Quadratkilometer. Die gesamte Region wurde zum Regionalpark erklärt. Naturfreunde können hier wandern und Bootstouren unternehmen.

Das Kloster Pažaislis zählt zu den schönsten Barockanlagen des Landes

Rumšiškės

Das ethnografische **Freilichtmuseum Rumšiškės** liegt 13 Kilometer östlich von Kaunas. Der Name erinnert an die Ortschaft, die beim Stau der Nemunas 1959 überflutet wurde. Hier sind Bauernhäuser und Szenen dörflichen Lebens aus den Regionen Aukštaitija, Suvalkija, Dzūkija, Žemaitija und Kleinlitauen nachgestellt, um traditionelle Bräuche und Lebensweisen der fünf Kulturregionen Litauens zu illustrieren. Eine separate Ausstellung dokumentiert die Deportationen der litauischen Bevölkerung im 20. Jahrhundert. In einer Dorfschänke wird traditionell gekocht.

Akteurin und …

 Freilichtmuseum Rumšiškės/ Lietuvos Liaudies Buities Muziejus

 Rumšiškėse
S. Nėries g. 6

F8

56336 Rumšiškės, Kreis Kaišiadorių
℗ (682) 59 377
www.llbm.lt
Mai–Sept. tägl. 10–18, Okt.–März Mi–So 10–18, April bis 17 Uhr, Eintritt Lt 10/5, Auto Lt 50

G/H5

Vištytis-See

Der Vištytis-See liegt größtenteils in Russland, auf litauischer Seite befindet sich ein 1992 unter Schutz gestellter Regionalpark, der eine große Pflanzenvielfalt und bis zu 300 Jahre alte Eichen aufweist. Im Park sind 123 Vogel-

… Besucher im ethnografischen Freilichtmuseum Rumšiškės

Mittsommer in Litauen

Als der Rest Europas längst auf harten Kirchenbänken hockte, lebten die Litauer noch in einer Welt geheimnisvoller Geister und mächtiger Götter. Das wichtigste Fest aus jenen Zeiten feiern sie noch heute: die Sommersonnenwende. Jahrtausende lang vertrieben die Litauer in der hellsten Nacht des Jahres mit Gesang und Feuern das Böse und huldigten heidnischen Gottheiten. Seit der Christianisierung lodern die Flammen zu Ehren des heiligen Johannis – *Joninės* heißt das Fest nun.

Mittsommers macht man sich in Litauen auf die Suche nach dem »magischen Farn«

Oberstes Gebot in der Nacht zum 24. Juni: nicht einschlafen. Wer nicht wach bleibt, bis die Sonne aufgeht, handelt sich Unglück fürs ganze Jahr ein. Stattdessen hört man den Chören zu. Man singt und tanzt. Junge Frauen rücken den Blumenkranz im Haar zurecht – Blätter und Blüten schützen vor bösen Mächten. Man springt übers Feuer. Das bringt Glück. Man entschwindet mit dem oder der Liebsten in den Wald – um den »magischen Farn« zu suchen, der nur in dieser Nacht blüht und Verliebten Glück bringt. In Wahrheit ist er wohl auch eher ein Vorwand für verliebte Zweisamkeit. Im März kommen jedenfalls vor jeder auffällig viele Babys zur Welt. Mittsommer wird auf dem Land gefeiert. Am hellsten brennen die Johannesfeuer in Dörfern und Freilichtmuseen.

Kernavė, die älteste Hauptstadt Litauens, feiert vor der Kulisse der archäologischen Ausgrabungsstätte das Johannisfest *Joninės*.

arten gezählt worden, darunter ein Dutzend Arten, die in Litauen als gefährdet gelten. Die Gegend ist für Wander- oder Radtouren geeignet.

KLAIPĖDA UND DIE KÜSTE

Klaipėda

Vor gut hundert Jahren lebten fast so viele Deutsche wie Litauer in der Stadt, die 1250 als Memel gegründet wurde, schon 1258 das Stadtrecht erhielt und einstmals Hauptstadt des Memellandes war. Hier und da sieht man noch Zeugnisse der deutschen Epoche: »Germania-Speicher« ist in verblassten Lettern an einer alten Fassade am Memelufer zu lesen.

C2

Nach den Auseinandersetzungen des Deutschen Ordens und des Schwertritterordens im Mittelalter ging es hier auch in der vergleichsweise jüngeren Geschichte immer wieder hoch her. 1871 wurde Memel Teil des deutschen Kaiserreichs. Nach dem Ersten Weltkrieg kam das Memelgebiet in Folge der Versailler Verträge unter französische Herrschaft, 1923 ging es an Litauen, 1939 fiel Klaipėda an Deutschland zurück. Dreimal brannte die Stadt nieder, daher datieren die meisten historischen Bauten aus dem 19. Jahrhundert. Auch im Zweiten Weltkrieg wurde die Stadt stark zerstört.

Der Leuchtturm von Klaipėda und …

Heute hat die an der Mündung des Kurischen Haffs gelegene Stadt knapp 184 000 Einwohner. Trotz der relativen Größe – und des großen Industriehafens – konnte sie sich eine gemütliche Kleinstadt-Atmosphäre bewahren. Seit 1969 steht die Altstadt unter Denkmalschutz. Der Hafen ist das ganze Jahr über eisfrei und somit der wichtigste Seehafen Litauens.

Die geometrisch angelegte, Kopfstein gepflasterte Altstadt mit ihren hübschen Fachwerkhäusern erstreckt sich am südlichen Flussufer. Wer von hier aus nicht sofort mit der Fähre auf die Nehrung übersetzt, flaniert zum **Theaterplatz** (Teatro aikšte), auf dem Kinder vor der **Ännchen-Statue** (Taravos Anikė) und dem **Simon-Dach-Brunnen** (Paminklas Simonui Dachui) die deutschsprachige Zeitung verkaufen, die hier noch immer erscheint. In der **Alten Post**, einem historischen Postamt in der Aukštoji gatvė, wird heute Kunsthandwerk ausgestellt. Im restaurierten **Alten Speicher** in derselben Straße ist

Restaurantschiff im Hafen von Klaipėda

zeitgenössische litauische Kunst zu sehen. Auch das älteste erhaltene Haus der Stadt steht hier: ein Backsteingebäude, das 1775 errichtet wurde. Das **Klein-Litauen-Museum** (Mažosios Lietuvos istorijos muziejus) liegt in der abzweigenden Straße Didžioji Vandens und erzählt die Geschichte des Memellandes seit der

… der 1945 zerstörte weiße Leuchtturm an der Mole von Memel (Klaipėda)

Frühzeit. Interessant sind die archäologischen Bernsteinfunde.

In der Neustadt nördlich der Memel ist die **Lindenstraße** (Liepų gatvė) besonders sehenswert, in der früher vermögende deutsche Bankiers und Kaufleute residierten. Im Lauf der Zeit wurden hier immer wieder die Straßenschilder ausgewechselt: Zu Ehren des Zaren hieß sie Alexander-, dann Präsident-Smetona-Straße, Adolf-Hitler-, Stalin- und schließlich Gorki-Straße. Dort befinden sich das **Uhrenmuseum** (Laikrodžių muziejus) und das 1893 erbaute neugotische Hauptpostamt mit Glockenspiel im Turm.

cA/cB 2/3

cB2

Am Ende der Straße liegt links der **Skulpturenpark** (Mažvydo skulptūrų parkas) an der Stelle des alten Zentralfriedhofs, den die Sowjets 1977 planierten. Im Park stehen heute die Arbeiten litauischer Bildhauer.

cA3

ⓘ Touristeninformation Klaipėda
Turgaus g. 7, 91247 Klaipėda
✆ (46) 41 21 86, www.klaipėdainfo.lt
Mo–Fr 9–18, Sa/So 10–16 Uhr

cC2

🚗 Hafen: Die **Fähren zur Kurischen Nehrung** gehen ab dem Alten Ableger in der Žvejų gatvė in der Altstadt; hier werden nur bei wenig Betrieb Autos mitgenommen (im Sommer zweimal pro Stunde, im Winter einmal). Der neue Hafen für die Autofähre liegt ein Stück weiter südlich an der Nemuno gatvė 8 (ausgeschildert in Richtung Neringa). Fähren legen von dort im Sommer alle 20, im Winter alle 40 Minuten ab.
Fahrpläne unter www.keltas.lt, ✆ (46) 31 11 17 (24 Std./Tag). Für einen Pkw zahlt man Lt 40, pro Person Lt 2,90.

🏛 👁 Gemäldegalerie und Galerie Pranas Domšaitis/ Lietuvos dailės muziejaus Prano Domšaičio galerija
Liepų g. 33, Klaipėda
✆ (46) 41 04 12, Di–Sa 12–18, So 12–17 Uhr
Eintritt Lt 6/3
Dauerausstellung von Werken des deutsch-litauischen Künstlers Pranas Domšaitis alias Franz Domscheit (1880–

cA3

Ännchen von Tharau

Als die 17-jährige Anna Neander aus dem Dorf Tharau bei Königsberg 1636 den Pastor Johannes Portatius heiratete, schrieb dessen in Memel geborener Freund Simon Dach, entzückt von der Braut, das plattdeutsche Gedicht »Anke van Tharaw«. Vertont wurde es von Heinrich Albert, Johann Gottfried Herder übertrug es ins Hochdeutsche und veröffentlichte es in seiner Sammlung »Stimmen der Völker in Liedern« (1778/79).

Das Lied vom Ännchen wurde zum Evergreen. Sein Abbild steht seit 1912 auf dem Simon-Dach-Brunnen vor dem Theater in Klaipėda, mit Unterbrechungen: 1939 wurde an ihrer Stelle eine Hitler-Büste enthüllt, später stand dort ein sowjetischer Panzer. Doch seit 1989 ist wieder alles, wie es sein soll: Im Sommer plantschen Kinder im Brunnen und dabei wacht über sie ein liebreizendes Mädchen mit Zöpfen.

1965). Nachdem seine Kunst von den Nazis als »entartet« verboten wurde, arbeitete er unter seinem litauischen Namen in Österreich und emigrierte nach dem Krieg mit seiner Frau, der Sängerin Adelheid Armhold, nach Kapstadt. Außerdem zeigt das Museum Wechselausstellungen litauischer Kunst.

Klein-Litauen-Museum/ Mažosios Lietuvos istorijos muziejus

Didžioji Vandens g. 6, Klaipėda
✆ (46) 41 05 24, Di–Sa 10–18 Uhr
Eintritt Lt 5/2,50
Historische Dokumente, archäologische Fundstücke, Fotografien, Kacheln und eine erstaunliche Sammlung alter Postkarten.

Cafés in der Altstadt von Klaipėda

Skulpturenpark/Mažvydo skulptūrų parkas
1977 an der Stelle des ehemaligen städtischen Friedhofs angelegter Park mit über 180 Werken litauischer Bildhauer.

 Uhrenmuseum/Laikrodžių muziejus
Liepų g. 12, Klaipėda
℅ (46) 41 04 13
Di–Sa 12–18, So 12–17 Uhr
Eintritt Lt 6/3
Geschichte der Zeitmessung seit den ersten Versuchen in der Antike und Entwicklung der Uhrmacherei. Zu den Exponaten gehören Zeitmesser aus dem 16. und 17. Jh., mechanische Uhren, Sanduhren und im Hof Sonnenuhren.

 Navalis
H. Manto g. 23, Klaipeda
℅ (46) 40 42 00, www.navalis.lt
Das angesagte Café besitzt eine schöne Terrasse und eine gute Lunchkarte (internationale Gerichte). €

 Senoji Hansa
Kurpių 1, Klaipeda
℅ (46) 40 00 56, www.senojihansa.lt
Litauische Küche, eine schöne Terrasse und ein sehr gutes Preis-Leistungsverhältnis machen dieses Lokal zu einer empfehlenswerten Adresse. €

 Stora antis
Tiltų g. 6, Klaipėda
℅ (46) 49 39 10, www.storaantis.lt, So geschl.
Russische Küche (aber auch internationale Gerichte und Steaks) in gemütlichem Kellerlokal. €

 Jazz Club Kurpiai
Kurpių g. 1a, Klaipėda
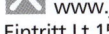 ℅ (46) 41 05 55
www.jazzkurpiai.lt
Eintritt Lt 15
Internationale Küche und jeden Abend Livemusik (Jazz, Rock, Blues). Die Tanzfläche ist klein, deshalb ist es nicht ungewöhnlich, auf den Tischen zu tanzen.

Kretinga

Nur elf Kilometer von Palanga entfernt liegt das hübsche Städtchen Kretinga (21 500 Einwohner), das im 13. Jahrhundert erstmals erwähnt wurde. 1609 erhielt Kretinga das Magdeburger (Stadt-)Recht. Außer der **Mariä Verkündigungskirche** (17. Jh.) mit einer schönen geschnitzten Kanzel ist das benachbarte **Franziskanerkloster** (Kretingos vienuolynas), das ebenfalls aus dem 17. Jahrhundert datiert, sehenswert. Es ist bis heute ein arbeitendes Kloster. Die Geschichte der Kreisstadt und ihrer Umge-

bung dokumentiert das interessante **Stadtmuseum** (Kretingos muziejus) an der Vilniaus gatvė.

TIC Kretinga
Vilniaus g. 2 B, 97104 Kretinga
✆ (445) 73102, www.kretingosturizmas.info
Mo–Do 9–12 und 12.45–18, Fr bis 16.45 Uhr

Stadtmuseum/Kretingos muziejus
Vilniaus g. 20, Kretinga
✆ (445) 773 23, www.kretingosmuziejus.lt
Mi–So 10–18 Uhr, Wintergarten tägl. geöffnet
Eintritt Lt 5/2

Alte litauische Volkskunst, eine Nachbildung des 1875 vom Grafen Juozapas Tiškevičius mit 580 Pflanzenarten angelegten und im Zweiten Weltkrieg zerstörten Wintergartens. Außerdem gehört eine archäologische Ausstellung zu dem Museum im Herrenhaus des Landguts der Grafenfamilie Tiškevičius. Es liegt in einer Parkanlage aus dem 19. Jh.

Memeldelta

Im Frühling und Herbst drohen Überschwemmungen, aber im Sommer ist das Memeldelta ein lohnendes Ziel vor allem für Wanderer. Karten erhält man bei der Touristeninformation in Šilutė sowie im Informationszentrum des **Memeldelta-Regionalparks** (Nemuno deltos regioninis parkas). Die touristische Infrastruktur ist im Vergleich zu Klaipėda und der Nehrung noch weniger entwickelt. Dafür bietet diese Region eine noch ganz unverfälschte Landschaft – man könnte sich ins 19. Jahrhundert zurückversetzt fühlen.

Geschützte Wattvögel im Memeldelta-Regionalpark: Kampfläufer und …

Die Stadt **Šilutė** (Heydekrug) ist mit 21 000 Einwohnern die zweitgrößte im Memelland. Die Heide- und Moorlandschaft zwischen ihr und dem Haff ist idyllisch und deshalb ein günstiger Ausgangspunkt für Streifzüge durchs Memeldelta.

In der Nähe befinden sich **Minija** (Minge), ein malerisches, ursprüngliches Fischerdorf am gleichnamigen Fluss, und **Rusnė** (Ruß), einstmals ein prosperierendes Handelsstädtchen, das heute fast an der Grenze in weiter Sumpflandschaft liegt. Auf ähnlich attraktive Weise verschlafen wie Minija ist **Kintai** (Kinten), ein 1000-Einwohner-Städtchen in der Minija-Niederung.

Von **Ventė** (Windenburg) öffnet sich ein schöner Blick auf die Kurische Nehrung. Der deutsche Name erinnert noch

… der schwarz-weiß gefiederte Säbelschnäbler

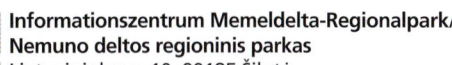

Auf dem Memelkanal in Minija

daran, dass hier eine der ersten Ordensburgen aus dem 14. Jahrhundert stand. In Ventė ist seit 1929 eine ornithologische Station ansässig, in der Vögel beringt werden – ein Projekt, das heute von der UNESCO unterstützt wird. Zur Station gehört eine kleine Ausstellung (Führung nach Anmeldung, ℂ 441-445 16). Der alte Leuchtturm am Kap von Ventė ist seit 100 Jahren in Betrieb.

 Touristeninformation Šilutė
Lietuvininkų g. 4, 99179 Šilutė
ℂ (441) 991 79, www.siluteinfo.lt

D3

**Informationszentrum Memeldelta-Regionalpark/
Nemuno deltos regioninis parkas**
Lietuvininkų g. 10, 99185 Šilutė
ℂ (441) 750 50, www.nemunodelta.lt

 D2

Memelländer

Hermann Suder-mann

Berühmtester Sohn des einstigen Landkreises Heydekrug ist – neben der Sängerin Alexandra (1942–69), die bereits bei Kriegsende als Kleinkind mit ihren Eltern vor den heranrückenden Sowjettruppen nach Westen floh – der Schriftsteller, Dramatiker und Heimatdichter Hermann Sudermann (1857–1928). Nach ihm ist heute eine Schule in Klaipėda benannt. In den 1917 erschienen »Litauischen Geschichten« setzte er seiner Heimat, ebenso wie in der »Reise nach Tilsit«, ein literarisches Denkmal.

B2

❼ Palanga

Im Winter hat der größte litauische Badeort 17 600 Einwohner, an Sommerwochenenden 200 000. Die Saison ist kurz und heftig: Von Ende Juni bis August tobt hier das wilde Leben, danach kehrt Ruhe ein. Obwohl das Meer dann an Badetemperatur verliert, schätzt mancher die Stille Palangas im frühen Herbst besonders. Vor allem russische Badegäste lieben das sommerliche Palanga – und natürlich die Litauer selbst. Wegen der sauberen, jodhaltigen Luft fast so sehr wie wegen des trubeligen Nachtlebens. Die neue **Seepromenade** und der 24 Kilometer Sandstrand machen Palanga auch zu einem perfekten Urlaubsort für Familien mit Kindern.

Die **Basanavičiaus gatvė**, die zum Strand führt, säumen Cafés, Bars, Spielsalons und Clubs – hier sieht Palanga ein bisschen aus wie ein Miniatur-Rimini. Mit dem Unterschied, dass man unter blühenden Kastanien flaniert statt unter Pinien und rechts und links alte Fachwerkhäuser und Holzvillen stehen. Palanga war schon im 19. Jahrhundert ein beliebter Badeort. Viele Besucher kommen noch heute vor allem der Gesundheit wegen, denn es gibt hier eine Heilquelle, Sanatorien und Reha-Zentren.

Ein knapp 500 Meter langer, hölzerner **Pier** ragt über den wunderschönen, blitzweißen Strand ins Meer: Hier wird am Abend der Sonnenuntergang begrüßt. Der Blick ist einmalig: Weil in Strandnähe nicht hoch gebaut werden darf, ist die Küstenlinie unverstellt. Einziger Wermutstropfen: Stürme nagen am Strand – und tragen zum Leidwesen der Einheimischen den Sand ins nur 18 Kilometer entfernte Lettland.

Das **Bernsteinmuseum** (Gintaro muziejus) im einstigen **Schloss** des litauischen Grafen Tiškevičius besitzt 4500 Exponate – die größte Sammlung in Europa – und dokumentiert Entstehung, Verarbeitung und Handel der Kiefernharztropfen, die vor rund 60 Millionen Jahren auf die Erde fielen. Der Schlosspark ist heute ein **Botanischer Garten** (Palangos botanikos parkas). Im Sommer finden hier regelmäßig Konzerte und Ausstellungen statt.

Baltische Plattmuschel

ℹ Touristeninformation Palanga
Vytauto g. 94, 00132 Palanga
℡ (460) 488 11, www.palangatic.lt, Mo–Fr 9–18 (Juli/Aug. bis 19), Sa/So 10–14 Uhr, Sept.–Mai So geschl.

B2

✈ Flughafen
Liepojos pl. 1, Palanga
℡ (460) 520 20, www.palanga-airport.lt.
10 km nördlich von Palanga. Derzeit keine Direktflüge nach Deutschland, aber Verbindungen über Riga (Air Baltic) und Kopenhagen (SAS). Alle 20 Minuten Busver-

---

Frühlingsfest am St. Georgstag

Am 23. April wird in Palanga der Tag des heiligen Georgs begangen. Von ihm glaubt man, dass er den Sommerschlüssel zum Himmel besitzt und ihn für Regen öffnen kann – damit das Gras schnell grün und saftig wird. Früher trieben die Bauern an diesem Tag ihre Kühe erstmals wieder auf die Weide und schmückten ihnen die Hörner mit Blumen. Das sah hübsch aus und schützte vorm bösen Blick. Heute fällt der Viehauftrieb weg, geblieben ist ein Fest, das den Frühling mit viel Musik feiert: ein Volksliederfestival in der Woche um den Georgstag.

---

bindung nach Palanga. Taxen brauchen zehn Minuten nach Palanga und sollten nicht mehr als Lt 20 kosten.

Busbahnhof
Kretingos g. 1, Palanga
℅ (460) 533 33

`B2`

Nationale Verbindungen (u. a. Vilnius, Kaunas, Šiauliai und Klaipėda) sowie Busse nach Liepaja, Riga, Moskau und Kaliningrad.

Bernsteinmuseum/Gintaro muziejus
Vytauto g. 17, Palanga
℅ (460) 513 19, www.pgm.lt
Juni–Aug. Di–Sa 10–19, So 10–18, sonst Di–Sa 11–17, So bis 16 Uhr, Eintritt Lt 8/4
Mit 4500 Exponaten die wohl größte Bernsteinsammlung Europas. Untergebracht ist sie stilvoll in 15 Räumen des ehemaligen Anwesens des Grafen Feliksas Tiškevičius (vgl. auch S. 66).

Geformt aus jahrmillionenaltem Harz

Žuvinė
J. Basanavičiaus 37a, Palanga
℅ (656) 596 47, www.zuvine.lt
Fischspezialitäten in gepflegtem Ambiente. €€–€€€

Feliksas
Vytauto g. 116, Palanga
℅ (370) 61 21 21 58, www.feliksas.lt
Beliebtes Café und Restaurant, gelegentlich Livemusik. €–€€

Šventoji

`B2`

Der Fischer- und Badeort (2000 Einwohner) liegt zwölf Kilometer nördlich von Palanga an der Mündung des Flusses Šventoji. Der Ort, der heute verwaltungstechnisch zu Palanga gehört, wurde schon im 13. Jahrhundert in Chroniken des Deutschen Ordens erwähnt. Heute hat er vor allem als Badeort Bedeutung, aufgrund des kilometerlangen Strandes und weil er an der touristischen Bernsteinroute (vgl. Kasten S. 66) liegt. In den 1960er Jahren wurde hier eine größere Menge Bernstein gefunden, die heute im Museum in Palanga zu sehen ist.

Entspannung auf der Kurischen Nehrung

KURISCHE NEHRUNG

Der Besuch der ❽ Kurischen Nehrung (Kuršių neriją) ist der Höhepunkt jeder Litauen-Reise. In einem schmalen Bogen erstreckt sich die Halbinsel zwischen Klaipėda und Königsberg über 98 Kilometer vor der Küste. An ihrer schmalsten Stelle misst sie gerade einmal 380 Meter, an der breitesten 2,8 Kilometer. Deshalb hört man fast überall auf der Nehrung das Rauschen der Ostsee. Es ist leicht, auf dieser Halbinsel die Zeit zu vergessen, denn den Wäldchen und Dörfern haftet hier etwas Weltentrücktes an. Es ist der richtige Ort, um wirklich Ruhe zu finden. Übrigens auch im Winter, wenn das Haff malerisch zufriert.

Die Kurische Nehrung: Ein fast 100 Kilometer langer Streifen Land trennt das Haff von der Ostsee

Die Kurische Nehrung ist auch der berühmteste Nationalpark des Landes. Das ökologische Gleichgewicht ist sehr sensibel, seit vor Jahrhunderten mit dem Abholzen des Waldes begonnen wurde: Die Dünen begannen zu wandern. Heute versucht man dem Sandschwund mit Wiederaufforstung zu begegnen. Das gelingt immerhin so gut, dass seither keine Dörfer mehr vom Sand verschluckt werden. Dieses Schicksal hatte einstmals etwa das Dorf Karvaičiai (Karweiten) getroffen: Es liegt unter der Düne Skirpstao kopa (Kirbste-Berg) verschüttet.

Entstanden ist die Nehrung vor rund 13 000 bis 15 000 Jahren aus einer Kette von Endmoränen, die nach der letzten Eiszeit als Inselgruppe aus dem Wasser ragten. Durch aufgespülten Sand wurden diese Inselchen miteinander verbunden, bis sie schließlich vor rund 7000 Jahren eine Landzunge bildeten. Starker Westwind türmte den Sand an Land schließlich zu teilweise gewaltigen Dünen auf; die Strömung des Flusses Nemunas hielt das Haff hingegen frei von Sand. Erste Ansiedlungen entstanden vor rund 4000 Jahren.

Geschützte Pflanze am Kurischen Haff: Knabenkraut

Geteilt wurde die Landzunge im Ersten Weltkrieg. 1945 fiel sie ganz an die Sowjetunion, heute ist sie wieder geteilt: zwischen Russland und Litauen. 52 Kilometer Nehrung gehören zu Litauen, die südlicheren 46 liegen auf Kaliningrader Gebiet.

Die Kurische Nehrung wird von der UNESCO zum Weltkulturerbe gezählt und ist überdies seit 1991 Naturschutzgebiet. Daher ist die Besucherzahl pro Tag beschränkt, Reisende müssen im Sommer eine Gebühr von Lt 20 pro Auto für die Einfahrt entrichten; außerhalb der Saison sind es Lt 10.

❾ Nida

Nida (Nidden) ist von jeher das touristische Zentrum der Nehrung – wegen der Nähe zur Großen Düne und der schönen alten Fischerkaten im Zentrum. Zugleich ist es mit 1500 Einwohnern der größte Ort der Halbinsel. Einige Male wurde Nida im Lauf der Geschichte buchstäblich vom Winde verweht. Seit dem 18. Jahrhundert befindet es sich aber an seinem heutigen Standort.

Die außergewöhnliche Atmosphäre, das hell glitzernde Licht über dem Haff und die einzigartige Landschaft zogen auch Kreative nach Nida. Im **Gasthaus Blode** gaben sich vor gut hundert Jahren expressionistische Künstler die Klinke in die Hand: Lovis Corinth, Max Pechstein, Ernst Bischoff und Ernst Mollenhauer, der zum Schwiegersohn des Gastwirts wurde, logierten hier. Auch Thomas Mann stieg bei seinem ersten Besuch in Nida hier ab; ebenso der Schriftsteller und Dramatiker Carl Zuckmayer. Blodes Haus gehört heute zum Hotel »Nidos Smiltė« an der Skruzdynės gatvė, ist aber zu besichtigen. Die Künstler waren allerdings nicht die ersten

D2

Die klassischen Fischerboote des Kurischen Haffs sind die hölzernen Kurenkähne

Max Pechsteins Gemälde »Am Strand von Nidden (Nida)« entstand 1911

prominenten Besucher Nidas. Schon 1807 logierten hier Friedrich Wilhelm III. von Preußen und seine Königin Luise. Allerdings machten die beiden hier keinen Urlaub, sondern flohen vor Napoleon und seinen Truppen nach Memel.

Das **Bernsteinmuseum** (Gintaro galerija-muziejus) ist der Hauptstandort der Filiale in Vilnius. Der Besitzer Kazimieras Mizgiris, Jahrgang 1951, plaudert so interessant, dass man sich die Steine – aufwändig, aber modern gearbeitete Schmuckstücke, die Juweliere im In- und Ausland für ihn anfertigen – glatt ein zweites Mal anschaut. Er ist gelernter Fotograf, aber auch einer der wenigen noch aktiven Bernsteinfischer auf der Nehrung. Und natürlich Galerist aus Leidenschaft. Mizgiris beherbergt auf seinem Anwesen außerdem Künstler, die an längerfristigen Projekten arbeiten. Bei Südsüdwestwind soll man übrigens eine reelle Chance haben, Bernstein am Strand der Nehrung zu finden. Den darf man heute sogar aufheben – in früheren Zeiten stand darauf die Todesstrafe.

Das etwas außerhalb gelegene, Reet gedeckte **Thomas-Mann-Haus** (Thomo Manno memorialinis muziejus) mit Fensterläden in Niddener Blau ließ der Nobelpreisträger nach einem zufälligen Besuch 1929 im darauffolgenden Jahr auf dem »Schwiegermutterberg« erbauen. »Unser Haus lag sehr hübsch«, erinnerte sich seine Frau Katia Mann später. »Es lag mit Blick auf das Haff, und im Rücken hatten wir den Wald. Jeden Morgen vor dem

Das einstige Sommerhaus Thomas Manns in Nida ist heute ein Museum

Nah und fern zugleich: Königsberg

Spontane Tagestouren nach Kaliningrad sind trotz des vorhandenen Grenzübergangs von der Nehrung nicht möglich – es sei denn, man hat zuvor ein Visum beantragt, das im Reisepass klebt. Dieses Touristenvisum für maximal 30 Tage Aufenthalt kann man nur bei der russischen Botschaft, beim zuständigen Konsulat oder bei russischen Visazentren (www.vhs-germany.com) in Deutschland bekommen. Dafür muss der Pass noch mindestens sechs Monate gültig sein und zwei leere Seiten aufweisen. Ein elektronischer Visumsantrag ist auszufüllen und auszudrucken (http://visa.kdmid.ru);

Königsberg: Kaiser-Wilhelm-Platz und Königliches Schloss

außerdem benötigt man ein farbiges Passfoto und einen Krankenversicherungsnachweis. Zwar ist eine Expressbeschaffung möglich, doch um Stress zu vermeiden, sollte man das Visum vier Wochen vor Reiseantritt beantragen. Bucht man in Deutschland eine Rundreise bei einem Reiseveranstalter, kann der das Visum besorgen.

Frühstück gingen wir im Wald spazieren, und selten begegnete man wem ...« Heute ist das Haus ein Museum mit einer Dauerausstellung zu Leben und Werk des Schriftstellers. Außerdem finden hier Tagungen und im Sommer das Thomas-Mann-Festival statt.

An den Wänden hängen Fotos, die die Familie auf der Terrasse zeigen, Kopien von Briefen und ein Bild von Ernst Mollenhauer. Andere Exponate haben weniger mit dem Niddener Haus zu tun: so die Urkunde seiner Ehrendoktorwürde von 1919 und die knappe Mitteilung über ihren Entzug aus dem Jahr 1936. Im dunkelrosa gestrichenen Arbeitszimmer kann man wie einst der Dichter aufs Haff schauen.

Durch die Nagliu gatvė und das folgende Wäldchen spaziert man in Richtung der **Großen Düne** (Parnidžio kopa). Ein anderer Weg führt am Strand entlang und dann über 159 Treppenstufen nach oben. Die fantastischen Blicke über die Dünenlandschaft und Nida lohnen den etwas mühsamen Aufstieg. Allerdings darf man zum Schutz der Dünen die Wege nirgends verlassen. Mit etwa 60 Metern zählt sie zu den höchsten in Europa.

> D2

Durch den Wald erreicht man in einer Viertelstunde den Ostsee-Strand. Ein Pfad quert die Nehrung auf kürzestem Weg. Einem erfrischenden Bad im Meer steht nichts im Weg: Die Wasserqualität ist auf der Nehrung sehr gut. Schon seit 2002 weht in Nida eine Blaue Flagge.

Herzmuschel

Achtung: Verwaltungstechnisch sind alle Gemeinden auf der Kurischen Nehrung unter Neringa zusammengefasst, daher lauten alle Postanschriften Neringa. Nida ist Verwaltungssitz.

Thomas Mann in Nida

Drei Sommer (1930–32) verbrachte Thomas Mann mit Frau Katia und den sechs Kindern in Nida. Der disziplinierte Schriftsteller lag natürlich nicht faul im Sand, sondern arbeitete hier an der Trilogie »Joseph und seine Brüder« und verfasste die Rede »Geisteszustand des Schriftstellers in unseren Tagen«. Doch fand er auch Zeit, die Landschaft zu genießen, wie Briefe und Tagebücher belegen.

»Das Bild des Haffes erweckt das Gefühl, dass man am Mittelmeer ist, der Sand verstärkt diesen Eindruck«, schwärmte er. Und in Anspielung auf seine Künstlernovelle fuhr er fort: »Der Süden im Norden, die Mischung von Tonio Kröger, schon längst bekannt und geliebt.« Entsprechend nannte er die Aussicht aus dem Fenster seines Arbeitszimmers den »Italienblick«. Er wanderte zur großen Düne, diesem »wirklich sehr merkwürdigen Naturphänomen«, und glaubte, »in der Sahara zu sein.«

Trotz der bewegten Geschichte hat sich nicht allzu viel verändert seit Manns Tagen, wenn man heute auch kaum noch das Glück hat, wie er, Elche beim Baden beobachten zu können. Die Sommer-Idylle der Familie Mann endete mit der Machtergreifung der Nazis und der Flucht der Familie in die USA.

D2

ℹ️ **Touristeninformation Nida**
Taikos g. 4, 93121 Neringa (Nida)
☎ (469) 523 45, www.visitneringa.com
Juni–Aug. Mo–Sa 10–20, So bis 15, sonst Mo–Fr 9–18, Sa 10–15 Uhr

 Bernsteinmuseum und Galerie/ Gintaro galerija-muziejus
Pamario g. 20, Neringa
☎ (469) 525 73, www.ambergallery.lt
Juni–Aug. tägl. 9–20, April, Mai, Sept., Okt. 10–19 Uhr, Eintritt Lt 4/2
Bernstein in allen Formen; nebenher dient das Anwesen als Gästehaus für Künstler.

 Thomas Mann Haus/ Thomo Manno memorialinis muziejus

Kurenwimpel in Nida

Skruzdynės g. 17, Neringa
☎ (469) 522 60, www.mann.lt
Mitte Mai–Mitte Sept. tägl. 10–18, sonst Di–Sa 10–17 Uhr
Eintritt Lt 4/2
Das einstige Sommerhaus des Nobelpreisträgers ist heute Museum und Mitte Juli Schauplatz des Thomas-Mann-Festivals mit Konzerten, Filmen und Lesungen.

 Kurenkähne bei Nida
Die klassischen Fischerboote der Nehrung, die hölzernen Kurenkähne, wurden mit Beginn des sowjetischen Regimes und seiner Kolchose-Fisch-

wirtschaft in den Ruhestand geschickt – und mit ihnen die schönen, aufwändig geschnitzten und bemalten Wimpel, die wie »Nummernschilder« an den Masten zur Identifizierung legaler Fischerboote dienten. Im Hafen von Nida liegen die zwei einzig verbliebenen (nachgebauten) Kurenkähne, die aber nicht zum Fischen, sondern als Touristenattraktion in Dienst stehen: für Touren durchs Haff. Informationen bei der Touristeninformation in Nida.

 Nidas Seklycia
Lotmiškio g. 1, Neringa
℮ (469) 500 00, www.neringaonline.lt
Restaurant des gleichnamigen Hotels. Fischgerichte, litauische und internationale Spezialitäten bei wunderschöner Aussicht auf Dünen und Haff. €€

 Sena sodyba
Naglių g. 6, Neringa
℮ (652) 123 45
Fischgerichte in schönem Garten.
Nur im Sommer geöffnet. €

Rar geworden: Dorschbestände in der Ostsee

 Eserine
Naglių g. 2, Neringa
℮ (687) 558 30
Litauische Küche mit Aussicht. Nur im Sommer. €

 **In Vino**
Taikos g. 32, Neringa
℮ (655) 779 97
Nette Weinbar mit Aussicht von der Düne. €

Smiltyne, Juodkrantė und Preila

Die Fähre aus der Altstadt von Klaipėda landet in **Smiltyne** (Sandkrug). Verwaltungstechnisch gehört der Ort

C/D2

Märchen und Mythologie

Dass die Litauer die letzten Heiden Europas waren, versichern sie gerne und nicht ohne Stolz. Und tatsächlich sind Fabelwesen und Märchengestalten hier bis heute häufiger anzutreffen als anderswo. Geballt begegnet man sie auf dem Hexenberg in Juodkrantė – hölzernen Skulpturen von Trollen, Hexen, Fabelwesen, aber auch Tieren mit besonders wissendem Blick. Sie sind Spielerei, Kunst – und eben auch verschmitzte Erinnerung an jene Zeiten, als geheimnisvollen Wesen noch magische Kräfte inne wohnten.

Die Figuren, die man auch in Vorgärten und an Straßenecken sieht, dienten ursprünglich dazu, das Böse abzuschrecken. Heute, so sagen ihre Besitzer, seien sie reine Zierde, kleine Kunstwerke eben. Aber auch Märchen, Sagen und mythologische Geschichten spielen nach wie vor eine große Rolle. Denn natürlich sind die Litauer nach der Christianisierung besonders zuverlässige Katholiken geworden. Doch die alten Geschichten sind einfach zu schön, um sie ganz zu vergessen. Und ein bisschen Aberglauben schadet ja nicht.

Das Gold der Ostsee: Bernstein

80 Prozent des weltweiten Bernsteinaufkommens stammt aus dem baltischen und dem Königsberger Raum. Doch obwohl die Souvenirläden voll davon sind, ist das »Gold der Ostsee« eine Rarität.

Bernstein entsteht aus dem Harz von Bäumen. Das braucht Zeit: Baltischer Bernstein ist etwa 50 Millionen Jahre alt. Besonders selten sind Inklusen, in das Harz eingeschlossene Insekten, Würmer, Schnecken oder Pflanzenteile.

Im 13. Jahrhundert sicherte sich der Deutsche Orden ein Monopol auf den Handel mit Bernstein und machte damit ein Vermögen. Auch im Alltag war er wichtig: Bei Rheuma goss man ihn gemahlen mit Weißwein auf, bei Kopfschmerz entzündete man ihn und inhalierte. Noch heute gibt man zahnenden Babys in Litauen eine Bernsteinkette zum Lutschen.

Wirtschaftlich spielt Bernstein heute eine untergeordnete Rolle, da er in den baltischen Staaten meist nur verarbeitet wird. Es braucht Glück, ihn am Strand zu finden. Recht gut sind die Chancen gleich nach einem Herbststurm. Wer sich auf sein Glück am Strand nicht verlassen mag, muss kaufen. Seit die einstmals extrem ergiebige Bernsteintagebau bei Königsberg 2002 aufgegeben und geflutet wurde, sind die Preise allerdings gestiegen.

Bei vermeintlichen Schnäppchen auf der Straße ist Vorsicht geboten, denn nicht alles ist echt – und für Laien sind die Unterschiede zwischen Fund und Fake schwer auszumachen. Als Faustregel gilt: Echter Bernstein sinkt in Süßwasser und schwimmt in konzentriertem Salzwasser. Außerdem lässt sich Bernstein im Gegensatz zu Kunstharz leicht entzünden. Auf diese Feuerprobe werden sich Händler aber in der Regel nicht einlassen.

Eine touristische Bernsteinroute führt von Šventoji südlich der Grenze nach Lettland über Palanga nach Klaipėda und Nida. Zu der Route gehören außer den Museen auch Bernsteinwerkstätten (Vytauto 21 und S. Dariaus/S. Girėno 27 in Palanga), in denen man Meistern bei der Arbeit zuschauen kann, und Fangstellen – etwa die in Karkle im Küstenregionalpark, wo sich 30 Bernsteinfischer plagen.

Die historische Bernsteinstraße bezeichnet eine Reihe von Handelswegen, über die seit vorrömischer Zeit Bernstein von der Ostsee in die Alpenländer und nach Italien transportiert wurde. Sie endete in Aquileia. Dieser einst wichtigste Adria-Hafen Roms verknüpfte die Bernsteinstraße mit dem römischen Straßennetz. Sie führte von St. Petersburg über Riga, Kuldiga und Turaida nach Palanga und Nida; über Kaliningrad nach Polen (Danzig, Thorn, Breslau) und Tschechien; schließlich nach Eszterháza (heute: Fertöd) im heutigen Ungarn, querte östlich von Wien über die Donau und führte durchs heutige Slowenien (Ptuj, Celje, Ljubljana) nach Aquileia. Der baltische Abschnitt der Bernsteinstraße verläuft über mehr als 400 Kilometer entlang der Ostseeküste Lettlands und Litauens bis Kaliningrad.

noch zu Klaipėda und besitzt neben schönen Stränden ein **Meeresmuseum** mit Aquarium und Delphinarium. Von hier fährt man durch Kiefernwald, durch den weißer Sand blitzt, nach Süden in Richtung Nida. Die Fahrt dauert keine Stunde und führt durch **Juodkrantė** (Schwarzort), den ältesten Ort der Nehrung, in dem 700 Menschen leben. Die Tradition Juodkrantės als Badeort reicht in die Mitte des 19. Jahrhunderts zurück. Die alten Fischerkaten mit ihren blauen Fensterrahmen und die mit gekreuzten Pferdeköpfen verzierten Giebeln stehen unter Denkmalschutz. Zu Ruhm gelangte Juodkrantė auch, weil hier früher Bernstein gefördert wurde.

Am Südrand von Juodkrantė liegt der **Hexenberg** (Raganu Kalnas), ein 1,5 Kilometer langer Märchenpfad. Litauische Künstler haben die Statuen geschaffen, die Figuren aus dem nationalen Märchen- und Sagenschatz darstellen. **Pervalka** ist mit 40 Einwohnern und elf denkmalgeschützten Häusern der kleinste Ort auf der Nehrung. Er entstand, als die Bewohner umliegender, vom Sand verschütterter Dörfer hier einen neuen Versuch unternahmen, sich dauerhaft anzusiedeln.

Vorbei an Dörfern, Dünenlandschaften und dem Ort **Preila** (Preil), vor dem man (mit sehr viel Glück) gelegentlich Elche sieht, geht es nach Nida, dem südlichsten Ort vor der Grenze nach Russland. Preila entstand erst im 19. Jahrhundert als Ansiedlung von Fischern; sehenswert sind dort die alten Fischerkaten.

 Meeresmuseum mit Aquarium und Delphinarium
Smiltynes pl. 3, Smiltyne, 93100 Klaipėda
℗ (464) 907 40
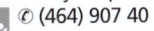 www.juru.muziejus.lt
Juni–Aug. Di–So 10.30–18, Mai/Sept. Mi–So 10.30–18, Okt.–April Do–So 10.30–17 Uhr
Eintritt je nach Saison Lt 12–15/6–7
Von drei Seiten ist das sehenswerte Museum an der Nordspitze der Nehrung vom Wasser umspült. Zu sehen sind Süßwasserfische Litauens, Fische der Ostsee und der tropischen Meere, außerdem Pinguine, Robben und Seelöwen; Delphinarium mit 1000 Plätzen.

ŠIAULIAI UND DER NORDEN

❿ Berg der Kreuze

Der sieben Kilometer nördlich von Šiauliai an der Straße nach Joniškis gelegene Berg der Kreuze (Kryžių kalnas) ist eines der Nationalheiligtümer Litauens – sowohl in religiöser als auch in patriotischer Hinsicht. Seit dem 19. Jahrhundert stecken Pilger inmitten dieser unbewohnten Gegend Kreuze, Rosenkränze und Jesus- oder Heiligenfiguren in einen Hügel, auf dem sich zur Zeit der Angriffe der Kreuzritter eine Festung befunden haben soll.

Devotionalie am Berg der Kreuze

![Eines der Nationalheiligtümer Litauens: der Berg der Kreuze nördlich von Šiauliai]

Eines der Nationalheiligtümer Litauens: der Berg der Kreuze nördlich von Šiauliai

Der Brauch entstand, nachdem 1831 ein Aufstand gegen das russische Regime und den Zaren brutal niedergeschlagen worden war. Die ersten Kreuze wurden zum Gedenken an die Opfer aufgestellt. Ein Wallfahrtsort soll der Berg aber schon seit dem 14. Jahrhundert sein. Jedes Kreuz symbolisiert eine Bitte oder ist Ausdruck des Danks. Viele der älteren Kreuze sind Verwandten und Freunden gewidmet, die nach Sibirien verschleppt wurden – immer verband sich hier der Glaube mit dem Protest gegen die Fremdherrschaft.

Während der Sowjetzeit wurden die Kreuze im Gleichschritt von der Verwaltung entfernt – 1961 sogar mit Bulldozern planiert –, von den Gläubigen aber kaum weniger schnell wieder aufgestellt. So verbündete sich hier die Religion mit dem Widerstand. Doch der Kampf gegen Gott ist mühsam, und Mitte der 1980er Jahre siegte der Glaube. Mehr als 50 000 Kreuze verbinden sich heute zu einem überaus eindrucksvollen Anblick. Papst Johannes Paul II. stellte bei seinem Besuch in Litauen 1993 hier eines auf.

Biržai

Die zahlreichen Brauereien von Biržai (14 300 Einwohner) haben der 20 Kilometer südlich der Grenze zu Lettland gelegenen Stadt zu Recht den Ruf der **Bierhauptstadt** Litauens eingebracht (vgl. Kasten S. 44).

Das im 16. Jahrhundert errichtete **Schloss** des Grafen Radvilas am Širvenos-See war mit Wällen, Graben und Zugbrücke eine wehrhafte Festung. Zu Zeiten der Radvilas galt Biržai als Zentrum der Reformationsbewegung (vgl. Kedainiai). Im 18. Jahrhundert übernahm Graf Tiškevičius die Stadt und ließ sein eigenes Schloss bauen. Heute dient es als Sitz des Regionalmuseums und gelegentlich als Spielort für Konzerte.

Orvydas-Garten/Orvydų sodyba

Wie beim Berg der Kreuze wurde im Fall dieses Gartens die Religion zu einer Frage des Widerstands. Grabsteine, die in den 1960er Jahren auf sowjetische Weisung hin vom örtlichen Kirchhof entfernt werden mussten, erhielten im Garten der Familie Orvydas eine neue Bleibe. Die Sowjets lösten die mit christlicher Symbolik aufgeladene Sammlung auf, doch bald tauchten wieder neue auf, bis in den 1980er Jahren alles abgetragen wurde. Natürlich war auch das nicht von Dauer.

Heute ist hier wieder eine beachtliche Zahl von Grabsteinen, hölzernen Kreuzen und Skulpturen aus geschnitzten Baumstämmen zu sehen (Gargždelė bei Salantais, ✆ 613-286 24, Juni Di–So 10–19 Uhr, sonst Mi–So, Eintritt Lt 6/3).

Plungė

Wenige Kilometer westlich von Telšiai liegt das Städtchen Plungė. Es ist in jüngerer Vergangenheit zu Ruhm gelangt, weil hier 1909 der bedeutende litauische Maler und Komponist Mikalojus Konstantinas Čiurlionis (vgl. Kasten S. 34) und seine Frau, die Schriftstellerin Sofija Kymantaite, ihr erstes Ehejahr verbrachten. Die beiden bewohnten ein recht bescheidenes Holzhaus, das neben der Backsteinkirche stand. Ein Holzhaus ist dort noch immer zu finden, allerdings handelt es sich um einen Nachfolgerbau. Älter ist das **Schloss Gandinga**, das der Fürst Mykolas Oginskis 1879 erbauen ließ. Erhalten sind die Seitenflügel, der Pferdestall und das Haus des Gärtners.

Zu Čiurlionis' Zeiten war im Schloss eine Musikakademie untergebracht, die der Komponist besuchte. Heute ist hier das **Samogitische Kunstmuseum** (Žemaičių dailės muziejus) ansässig. Samogitisch bezeichnet einen Dialekt, der im Westen Litauens gesprochen wird. Eine Ausstellung in dem überwiegend der Volkskunst aus der Region gewidmeten Museum beschäftigt sich mit Leben und Werk von Litauens Lieblingskünstler Čiurlionis. Außerdem werden Wechselausstellungen und Dokumentationen über den Fürsten Oginskis und die Entwicklungen der Region gezeigt.

🏛 **Samogitisches Kunstmuseum/**
Žemaičių dailės muziejus
Parko g. 1, 90117 Plungė

℡ (448) 524 92, Mai–Okt. Mi–So 10–17, Nov.–April Di–Sa 10–17 Uhr, Eintritt Lt 5/2
Die Sammlung besteht aus Volkskunst verschiedener Epochen sowie Schenkungen im Ausland lebender samogitischer Künstler. Außerdem Ausstellungen über den einstigen Schlossherrn und über Čiurlionis.

Regionalpark Kurtuvėnai

C6

Im Regionalpark Kurtuvėnai (Kurtuvėnų regioninis parkas), der etwa 15 Kilometer von Šiauliai entfernt beginnt, kann man Pferdepflege, -dressur und -springen erlernen, an Kutschfahrten und Ausritten sowie an mehrtägigen Reitausflügen teilnehmen. Außerdem gibt es Angelmöglichkeiten, Fahrradwege und geführte Touren durch das Schutzgebiet. Im Park leben rund 1200 Menschen.

Regionalpark Kurtuvėnai/ Kurtuvėnų regioninis parkas
Parko 2, 80223 Kurtuvėnai, Bezirk Šiauliai
℡ (841) 370 333, www.kurtuva.lt

Šiauliai

B6

In Šiauliai (Schaulen; 126 000 Einwohner) schlug Fürst Mindaugas 1236 den Schwertritterorden. Was von der Altstadt nach dem ersten Weltkrieg noch übrig war – etwa die Hälfte –, wurde im Zweiten Weltkrieg stark beschädigt und anschließend nicht wieder restauriert. Einziges erhaltenes Prunkstück ist die 1634 erbaute **Kirche St. Peter und Paul** (Šv. Petro ir Povilo bažnyčia). Den schönen Renaissance-Bau an der Fußgängerzone – der ersten in Litauen – krönt ein 70 Meter hoher Turm.

Šiauliai: das Stadtbild prägt die Kirche St. Peter und Paul

Ein wenig skurril sind **Fahrrad-** und **Katzenmuseum**; wer sich für Fotografie interessiert, ist in dem einschlägigen Museum an der Vilniaus-Straße richtig. Es behandelt die technische Entwicklung dieser Kunstform und stellt bedeutende litauische Fotografen vor. Die **Universität** macht Šiauliai zu einem der kulturellen und wissenschaftlichen Zentren Litauens. Lohnender noch als die Stadt selbst ist der nahe gelegene **Berg der Kreuze** (Kryžių kalnas), die bedeutendste nationale Pilgerstätte Litauens (vgl. S. 67 f.).

B7

Touristeninformation Šiauliai
Vilniaus g. 213, Šiauliai
℘ (41) 52 31 10, http://tic.siauliai.lt
Mo–Fr 9–13 und 14–18, Sa 10–16 Uhr

B6

Aušra-Museum/Aušro muziejus
Aušros al. 47, Šiauliai
℘ (41) 52 43 91, Mi–Fr 9–17, Sa 11–17 Uhr, Eintritt Lt 6/3
Archäologische Abteilung zur Geschichte und Kultur von Nordlitauen und der Umgebung von Šiauliai.

Fahrradmuseum/Dviračių muziejus
Vilniaus g. 139, Šiauliai
℘ (41) 52 43 95
Di–Fr 10–18, Sa 11–17 Uhr, Eintritt Lt 6/3
Zum Teil recht bizarre Konstrukte aus den frühen Tagen dieses Transportmittels, aber auch neue Modelle aus der Fahrradfabrik der Stadt.

Bernstein-katze

Fotografiemuseum/Fotografijos muziejus
Vilniaus g. 140, Šiauliai
℘ (41) 52 43 96
http://www.muziejai.lt/Siauliai/foto_muz.DE.htm
Derzeit wegen Renovierung geschl. (Wiedereröffnung für 2014 geplant)
Geschichte und Kunstfertigkeit der litauischen Fotografie, zudem eine Sammlung fotografischen Geräts und regelmäßige Wechselausstellungen litauischer Fotografen.

Frenkels Villa / Chaim Frenkelio Vila
Vilniaus 74, Šiauliai, 81473 Naisiai, Kreis Šiauliai
℘ (415) 243 89
Di–Fr 10–18, Sa/So 11–17 Uhr, Eintritt Lt 6/3
Die einstige Residenz des jüdischen Industriellen Chaim Frenkel diente zeitweise als Schule, dann als Nazi-Hauptquartier und später als sowjetisches Militärkrankenhaus, bevor ihre Restaurierung als Teil des Ausros-Museums begann. Wiewohl diese noch nicht abgeschlossen ist, werden hier Abschnitte der Stadtgeschichte sowie die Geschichte der Familie Frenkel dokumentiert.

Katzenmuseum/Katinų muziejus
Žuvininkų g. 18, Šiauliai
℘ (41) 52 38 83
Di–Sa 10–17 Uhr, Eintritt Lt 4/2
Kunstgewerbliches rund um die Katze – Vierbeiner aus Glas, Porzellan, Bernstein, Marmor und Kristall, auf Bildern und auf Postkarten. Die 10 000 Exponate aus aller Welt ergänzen 4000 Gedichte, die diesem Haustier gewidmet sind.

B6

🍴 **Juone Pastuoge**
Ausros g. 31a, Šiauliai
☏ (41) 52 49 26, www.jonis.lt
Gute litauische Küche, Livemusik. €

Der Nationalpark Žemaitija ist ein Paradies für Ökotouristen und Naturforscher. Man kann auf so gefährdete Arten wie die Kreuzkröte treffen

Telšiai und Žemaitija-Nationalpark

B3/4

Die Fahrt nach Telšiai, den Verwaltungssitz der Region Žemaitija, führt durch ländliche Idylle aus Feldern, Wäldern und entlang einiger Seen. Die Region Žemaitija bezeichnet den ganzen Westen Litauens von der Grenze nach Lettland bis zur Nemunas. Žemaitija bedeutet »flaches Land«. Milde Hügel gibt es hier dennoch.

Telšiai (knapp 30 000 Einwohner) ist eine der ältesten Städte Litauens, die von Hügeln auf den Fluss Durbinis blickt. Allein wegen ihrer schönen Lage zwischen den Hügeln und am See Mastis lohnt ein Abstecher hierher. Sehenswert sind der **Bischofsdom**, eine barocke Kirche mit achteckigem Turm auf dem höchsten Hügel der Stadt, und ein **Bernhardinerkloster**.

B3

Nordwestlich von Telšiai liegt der 1991 unter Schutz gestellte **Žemaitija-Nationalpark** (Žemaitijos nacionalinis parkas). Er misst 20 000 Hektar, knapp die Hälfte ist von Wald bedeckt, der Rest besteht aus Wasserflächen – 26 Seen und 32 Wasserläufe –, Wiesen und Sumpfgebiet. Insgesamt ist dies das größte Wald- und Seengebiet in Niederlitauen. Die Parkverwaltung befindet sich in **Plateliai**, einem hübschen Städtchen (1100 Einwohner) mit einer der ältesten Holzkirchen in Litauen (1744) am Ufer des gleichnamigen Sees.

Das Bernhardiner-Kloster in Tytuvėnai

Litauische Lektüre

Nach der Wende war der Lesehunger auf bislang verbotene literarische Früchte aus dem eigenen Land groß; dann ließ das Interesse an einheimischer Literatur nach. Vielen Menschen waren Bücher schlicht zu teuer; zudem war man neugierig auf den Rest der Welt – und nun erschienen wesentlich mehr Übersetzungen als früher. Mittlerweile aber haben junge litauische Autoren auf sich aufmerksam gemacht, deren Bücher auch ins Deutsche übersetzt wurden.

Jurga Ivanauskaitė (1961–2007) sorgte mit ihrem Roman »Die Regenhexe« 1993 für einen literarischen Skandal. Die 1961 in Vilnius geborene Autorin erzählt darin die Geschichte dreier Frauen, die die Liebe als vernichtende Schicksalsmacht erleben. Dass eine davon Maria Magdalena ist, die nächste eine Gefangene mittelalterlicher Inquisitoren und die dritte eine Frau, die sich nicht von ihrer Liebe zu einem Priester lösen kann, machte die Rezeption der »Regenhexe« im katholischen Litauen nicht leicht. Der Bestseller wurde von der staatlichen Ethik-Kommission als antichristlich und pornografisch eingestuft und durfte nur in Erotikläden verkauft werden. 2005 erschien ihr utopischer Roman »Placebo« (dtv), der wiederum in Vilnius spielt.

Ein sehr erfolgreiches Debüt gelang 2002 **Renata Šerelytė**. In »Sterne der Eiszeit« (Rowohlt) setzt die 1970 geborene Autorin der Tristesse litauischen Landlebens zur Sowjetzeit die schillernde Bohème-Szene des postkommunistischen Vilnius entgegen.

Herkus Kunčius, 1965 in Vilnius geboren, veröffentlichte 2005 den Roman »Ornament« (Edition Erata). **Eugenijus Ališanka** (Jahrgang 1960) hat sich als Dichter und Dramatiker einen Namen gemacht. Auf Deutsch ist 2005 sein Gedichtband »Aus ungeschriebenen Geschichten« erschienen (Dumont).

Die Anthologie »Meldung über Gespenster« von **Cornelius Hell** (Müller Verlag) versammelt Kurzgeschichten verschiedener litauischer Autoren.

 **Telšiai Touristeninformation**
Turgans g. 21, 87122 Telšiai
☎ (444) 530 10, www.telsiatic.lt

 B4

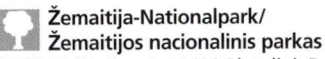 **Žemaitija-Nationalpark/**
Žemaitijos nacionalinis parkas
Didžioji g. 8, 90420 Plateliai, Bezirk Plungė
☎ (448) 49 231, www.zemaitijosnp.lt
Mo–Do 8–12 und 12.45–17, Fr bis 15.45 Uhr

 B3

Im Park gibt es zwei ausgeschilderte Wanderwege und einen Naturlehrpfad. Angeln ist mit einer Erlaubnis möglich, die man gegen Gebühr (LT 5 für 2 Tage, LT 20 für 30 Tage; Angler unter 16 und über 62 Jahren brauchen keine Erlaubnis) bei der Direktion des Nationalparks in Plateliai bekommt.

Tytuvėnai

Zu den eindrucksvollsten Sakralbauten Litauens zählt dieses 1614–39 am Ufer des Sees Bridvaisis in Tytuvėnai als **Bernhardiner-Kloster** erbaute und im 18. Jahrhundert ausgebaute Ensemble. Außergewöhnlich ist der Stilmix aus Renaissance, Barock und Gotik. Die Basilika St. Maria mit Rokoko-Altären fungiert heute als Gemeindekirche. ■

 D6

Litauen in Zahlen und Fakten

Mit 65 300 km² Fläche ist Litauen der größte der baltischen Staaten. Von den 3,2 Millionen Einwohnern sind 83,5 Prozent Litauer, dazu kommen Polen (6,3 %) und Russen (5,1 %); der Rest setzt sich aus anderen Nationalitäten zusammen. Die Bevölkerungsdichte beträgt

52 je km². Hauptstadt ist Vilnius mit 542 000 Einwohnern, das Bruttoinland-produkt pro Kopf beträgt 10 875 Euro, die Arbeitslosenquote liegt bei 17,8 Prozent. Im Durchschnitt verdienen die Litauer im Monat ca. 620 Euro.

Zwar hat Litauen die kürzeste Küste unter den baltischen Staaten, Wasser gibt es hier aber trotzdem reichlich: mehr als 700 Flüsse und 3000 Seen, darunter die wunderschöne Seenplatte im Aukštaitija-National-park. Die berühmteste Landschaft Litauens ist indes eine 98 Kilometer lange Landzunge, die an ihrer schmalsten Stelle nur 400 Meter misst: die Kurische Nehrung, ein Traum aus Kiefernwäldern, himmelhohen Dünen und verschwenderischen Blumengärten vor den Fischerkaten Nidas. Es ist die perfekte Kulisse für den baltischen Sommer, der kurz, aber magisch ausfällt. Anders als Tallinn (2002) und Riga (2003) konnte Vilnius bislang nicht als Austragungsort des Schlagerfestivals Grand Prix von sich reden machen. Das machte die südlichste Metropole des Baltikums mit einem Donnerschlag wett: 2009 war Vilnius (neben Linz) Kulturhauptstadt Europas.

Anreise, Einreise

EU-Bürger brauchen zur Einreise einen Personalausweis oder Pass, der noch mindestens drei Monate über die Reisedauer hinaus gültig ist. Kinder benötigen einen Ausweis mit Foto, ab 16 Jahren einen regulären Personalausweis. Der Eintrag in den Pass eines Elternteils reicht nicht aus. Ist der Personalausweis und/oder Reisepass abgelaufen, kann man mit einem vorläufigen Reisepass einreisen. Die Einreise mit einem vorläufigen Personalausweis ist dagegen nicht möglich.

| H6 |
| H6/7 |

Mit dem Auto:
Wer den Landweg nimmt, hat die Wahl zwischen zwei Grenzübergängen von Polen nach Litauen: bei Kalvarija an der Via Baltica und bei Lazdijai ein Stück weiter südlich. Lazdijai bietet die schönere Landschaft und ist für den Schwerverkehr gesperrt.

Mit dem Zug:
Es gibt täglich mehrere Verbindungen von Berlin über Warschau nach Vilnius (einfache Fahrt ca. € 90). Mit der schnellsten dauert die Fahrt rund 19 Stunden. Für die Route über Weißrussland ist ein Transit-Visum erforderlich. Entscheidet man sich für die Anreise per Bahn, sollte man eine Verbindung wählen, die direkt von Polen nach Litauen führt: Berlin Ostbahnhof–Grenzübergang Frankfurt (Oder)–Umsteigen in Warszawa Zentralna–Grenzübergang Mockava–Vilnius.

Mit dem Bus:
Ebenfalls mühsam, aber in der Regel preiswerter als mit der Bahn (Retourticket ab € 121, bei Online-Buchung ab € 63), ist die An-

fahrt per Bus. Es gibt mehrere Verbindungen pro Woche von verschiedenen deutschen Städten sowie innerhalb des Baltikums von Eurolines (www.eurolines.com), buchbar über Deutsche Touring GmbH (℡ 069-79 03 501, www.eurolines.de). Außerdem bei Ecolines (www.ecolines.lv) mit einem umfangreichen Streckennetz in Litauen.

Mit dem Flugzeug:
Lufthansa bietet tägliche Verbindungen ab Frankfurt nach Vilnius (www.lufthansa.com). Der Flug dauert zwei Stunden. Das günstigste Angebot für die Strecke Frankfurt–Vilnius–Frankfurt kostet ab € 99 plus € 10 Ticket-Service-Charge. Nach oben hat die Preisgestaltung je nach Reisezeit und Buchungsvorlauf jede Menge Spiel. Vermehrt gibt es Angebote von Billig-Fluglinien, bei denen ein Hin- und Rückflug ab ca. € 70 zu haben ist; gelegentlich sogar günstiger. Allerdings ist in den Flugplänen viel Bewegung.
   Air Baltic verbindet Vilnius mit Berlin, Hamburg, München und Düsseldorf (www.air baltic.com). Ryanair (www.ryanair.com) bietet einen Direktflug von Hahn nach Kaunas an.

Mit der Fähre:
Die Anreise auf dem Seeweg bietet die schönsten ersten Blicke aufs Baltikum. Fähren verkehren sechs Mal pro Woche zwischen Kiel und Klaipėda (Dauer: 21 Stunden; DFDS Seaways Baltic GmbH, www.dfds.de/litauen). Von Sassnitz auf Rügen fahren drei Mal pro Woche Fähren nach Klaipėda (Dauer: 18 Stunden).

Auskunft

Auskünfte zu Litauen erteilt das Litauische Fremdenverkehrsamt (c/o Aviareps Tourism GmbH, Josephspitalstr. 15, 80331 München, ℡ 089 5525 33 811, www.travel.lt).

Blick auf die Kurische Nehrung bei Nida

Automiete, Autofahren

Autofahrer müssen den Fahrzeugschein, EU-Führerschein, Ausweis und eine Grüne Versicherungskarte (nicht mehr obligatorisch, aber empfohlen) bei sich haben; gegebenenfalls auch den Mietvertrag des Leihwagens. Innerorts darf man 50, außerhalb von Ortschaften 90 km/h auf dem Tacho haben. In Litauen sind auf Straßen, die durch ein grünes Autobahnschild gekennzeichnet sind, maximal 110 km/h erlaubt. Man fährt **immer mit Abblendlicht** und angeschnallt. Bei Alkohol am Steuer markiert **0,4 Promille** die Grenze der Legalität. Telefonieren im Auto ist nur mit Freisprechanlage erlaubt. Abblendlicht ist das ganze Jahr über auch am Tag Pflicht. An der Ampel gilt: Das blinkende Grün entspricht deutschem Gelb. Bei Gelb darf man nicht mehr fahren. Hauptverkehrswege wie die Via Baltica, die die drei baltischen Hauptstädte miteinander verbindet, sind gut ausgebaut. Nebenstrecken sind nicht immer befestigt und im Sommer oft staubig. Wer sich die weite Anreise sparen will, kann nach Vilnius fliegen und dort einen Mietwagen nehmen. Die großen Mietwagenfirmen sind am Flughafen vertreten. Ein Wagen kostet ab € 28 pro Tag; 1 Liter Superbenzin etwa € 1,30 bis 1,40.

Diplomatische Vertretungen

Botschaft der Republik Litauen
Charitestr. 9
D-10117 Berlin
✆ (030) 890 681 0
Fax (030) 890 681 15
http://de.mfa.lt/

Deutsche Botschaft in Vilnius
Sierakausko g. 24/8
LT-03105 Vilnius
✆ (5) 210 64 00
Fax (5) 210 64 46
www.wilna.diplo.de

Österreichische Botschaft
Gaono g. 6
LT-01131 Vilnius
✆ (5) 266 05 80
Fax (5) 279 13 63
www.aussenministerium.at/wilna

Schweizerisches Generalkonsulat
Lvovo 25
LT–09320 Vilnius
Litauen
✆ (5) 203 29 69
Fax 203 29 44

Bernstein mit eingeschlossenem Moos

Einkaufen

Urlauber erwartet in Litauen ein niedriges Preisniveau – umso niedriger, je weiter man sich von touristischen Brennpunkten entfernt. Vilnius nähert sich preislich allerdings langsam westeu-

Plausch auf dem Markt in Vilnius

ropäischen Verhältnissen an. Dort konzentrieren sich indes auch die interessantesten Einkaufsmöglichkeiten. Im Bereich der klassischen Mitbringsel – Strickwaren, Bernstein, Schnitzwerk, Leinen – sind aber noch immer echte Schnäppchen zu machen. Der litauische Kräutertrank »Balzamas« und der Getreideschnaps »Samane« sind originelle Mitbringsel. Die Mehrwertsteuer beträgt in Litauen 18 Prozent.

Ein Ladenschlussgesetz gibt es nicht. In den Städten sind die Geschäfte in der Regel Mo–Fr 9/10 bis 18/20 Uhr geöffnet, Sa 9/10 bis 18 Uhr; Lebensmittelgeschäfte Mo–Sa 8–20, Supermärkte täglich 8–22 Uhr. Auf dem Land sind die Zeiten kürzer und Mittagspausen nicht ungewöhnlich.

Essen und Trinken

Litauische Küche:
In Litauen wird deftig und bodenständig gekocht. Obwohl sie erst im 18. Jahrhundert nach Litauen kam, wird die Kartoffel hier ganz besonders geliebt. Es dürfte nur wenige Länder geben, in denen man Kartoffeln auf so vielfältige Arten zuzubereiten weiß. Kartoffelpfannkuchen *(bulviniai blynai)* und das Nationalgericht *Cepelinai* – mit Hackfleisch oder Käse gefüllte Kartoffelklöße – sollte man unbedingt probieren. Und wenn man glaubt,

nun würden Würste aufgetragen, stellt man beim ersten Bissen fest, dass sie mit Kartoffeln gefüllt sind. *Vederai* nennt sich diese Variation. Die sowjetische Vergangenheit blieb auch für die baltische Küche nicht folgenlos. Borschtsch, eine frische Suppe aus Roter Beete, Ei, Buttermilch und Kartoffeln, wird ebenso in Ehren gehalten wie Soljanka und Schaschlik oder die Pelmeni, russische Maultaschen.

Im Baltikum versteht man zu backen. Köstliches dunkles Brot bekommt man überall; in Litauen ist es oft mit Kümmel aromatisiert. Das Frühstück ist üppig; Rührei oder auch Pfannkuchen mit süßer Füllung gehören oft dazu. Warme Mahlzeiten am Mittag wie am Abend sind üblich. Die Essenszeiten unterscheiden sich dabei nicht von unseren. Als Vorspeisen sind Suppen beliebt: Sauerampfersuppe *(rūgštynių sriuba)* und im Sommer kalte Rote-Beete-Suppe *(šaltibarščiai)*.

Essen gehen:

In Vilnius gibt es längst chinesische, mexikanische, japanische und italienische Restaurants. Doch einen Abstecher in ein traditionelles Lokal sollte man nicht versäumen. Zwar werden dort oft im Schnellverfahren ganze Busladungen durchgeschleust. Doch dazwischen sitzen auch Einheimische und speisen mit leuchtenden Augen. Trotz der Begeisterung für alles Exotische ist die traditionelle, einheimische Küche nämlich nach wie vor äußerst beliebt. Zugleich hat die litauische Kochkunst mit ihren deftig-osteuropäischen Akzenten eine Eigenständigkeit entwickelt, die wiederum für Besucher exotisch ist. Ein weiterer Aspekt ist, dass litauische Gerichte vielen Chefs besser geraten als die ambitionierten, aber bisweilen wenig routinierten Versuche, es mit der internationalen oder gar mit Trendigem wie der Fusionsküche aufzunehmen.

Vegetarische Restaurants sind bislang selten, und die Landesküche lässt Vegetariern oft kaum eine andere Wahl, als ihre warmen Mahlzeiten weitgehend auf Kartoffel- und Kohlbasis zu bestreiten. Die Restaurants der größeren Städte haben aber zunehmend auch fleischlose Gerichte auf der Karte.

Auf dem Land tafelt man sehr preiswert. In Vilnius hingegen nähert sich das Preisniveau vor allem in gehobenen Restaurants durchaus westeuropäischen Verhältnissen an. In Mittelklasse-Restaurants isst man jedoch immer noch wesentlich günstiger als in Deutschland. Wichtig für die Bestellung: Überall gibt es auch englischsprachige Speisekarten.

Pilze oder Pilzsuppe stehen auf der Speisekarte eines typischen litauischen Restaurants

Weinliebhaber müssen sich vor allem auf dem Land warm anziehen. In Litauen trinkt man Bier *(alus)*. Zwar gibt es in Vilnius, Kaunas und Klaipeda mittlerweile Weinbars; traditionell aber wird in Litauen Bier getrunken. Und wo man doch mal Wein bekommt, ist der nicht selten halbtrocken (und teuer). Dafür sind die örtlichen Biere (»Svyturys« oder gar Honigbier; vgl. Kasten S. 44) vielfältig und sehr gut. Das Spektrum reicht vom leichten Hellen bis zum Zwölfprozentigen. Viele Restaurants brauen ihr eigenes Bier. Probieren lohnt. Wodka hat nach dem Ende der Sowjetzeit bei der Abendgestaltung an Bedeutung verloren. In Litauen wird der Kräuterschnaps »Balzamas« hergestellt. Er gibt ein originelles Mitbringsel ab. Das Angebot einheimischer Mineralwassersorten ist groß und gut.

Restaurantpreise:
Bei den empfohlenen Restaurants werden Preiskategorien angegeben, die sich auf typische Hauptgerichte in diesem Restaurant beziehen.

€	bis 7 Euro (Lt 25)
€€	7–12 Euro (Lt 25–45,50)
€€€	über 12 Euro (Lt mehr als 45,50)

Feiertage, Feste

Gesetzliche Feiertage:
1. Januar: Neujahrstag
16. Februar: Unabhängigkeitstag
11. März: Tag der Wiederlangung der Unabhängigkeit
März/April: Karfreitag und Ostermontag
1. Mai: Maifeiertag
24. Juni: Johannistag (Mittsommer)
6. Juli: Jahrestag der Krönung von Fürst Mindaugas
15. August: Mariä Himmelfahrt
1. November: Allerheiligen
25./26. Dezember: Weihnachten

Feste und Festivals:
April/Mai:
Internationales Tanzfestival »New Baltic Dance« (www.dance.lt/new-baltic-dance) im Nationaltheater und in der Oper in Vilnius.

Mai:
Am letzten Wochenende im Mai tanzen und singen litauische und ausländische Gruppen beim **Internationalen Folklore-Festival** in den Höfen der Altstadt von Vilnius.

Juni:
Deutsche Kulturtage (Mai/Juni) in Kaunas und Klaipėda: Ausstellungen, Lesungen, Konzerte und Gastspiele, die eine Verbindung zum deutschen Sprachraum eint (www.klaipedainfo.lt, www.vilniusfestivals.lt).
Jazz-Festival in Klaipėda (www.klaipedainfo.lt, www.vilniusfestivals.lt).
Das **Vilnius-Festival** (www.vilniusfestivals.lt) bündelt hochkarätige Konzerte und Gastspiele.
Juni bis August: **Musikfestival im Kloster Pažaislis** (http://pazaislis.lt/)bei Kaunas; unterschiedliche Spielorte wie der Klostergarten und diverse Kirchen.

Juli:
Thomas-Mann-Festival für klassische Musik auf der Kurischen Nehrung (www.thomas-mann-festival.de).
Meeresfest in Klaipėda (www.svente.lt): Wassersport, Regatten und Konzerte am letzten Juli-Wochenende.
Mit dem **Baltika Folk Festival** und einer Woche folkloristischer Musik, Tänze und Prozessionen wechseln sich die baltischen Hauptstädte ab.
Juli und August: **Internationales Sommer-Musikfestival »St. Christophorus«** in Vilnius. Über zwei Monate wird auf diesem Festival Musik in jeder Tonart gespielt: Jazz, Weltmusik, Experimen-

telles, Klavierkonzerte, Opern, Geistliche Musik.

August:
Fest für mittelalterliche Handwerkskunst in Nida, www.visit neringa.com.

September:
Internationale Stadtfesttage in Vilnius: Ein Handwerkermarkt auf dem Rathausplatz sowie Musik, Sport, Kunst und Gastspiele gehören zu dieser Veranstaltung, die Vilnius den ganzen Monat über in Atem hält. Zum Schluss: karnevalesker Umzug auf der Gedimino-Straße (www.vilniusfestivals.lt).

Oktober: **Internationales Jazzfestival »Vilnius Jazz«** in Vilnius (www.vilnius jazz.lt).

November:
Internationales Jazzfestival »Vilnius Mama Jazz« in der zweiten Novemberhälfte (www. vilniusfest ivals.lt).

Christus-figur in der Dreifaltig-keitskirche in Sudervė nordwest-lich von Vilnius

Geld, Kreditkarten

In Litauen bezahlt man mit dem Litas (1 LTL = 100 Centas). Tauschen kann man in Banken und Hotels. Bares gibt es außerdem am Geldautomaten (EC- und Kreditkarten). Kreditkarten werden in Städten und in Hotels akzeptiert. Der Litas ist an den Euro gekoppelt: € 1 = Lt € 3,4528 (Stand 05/2013). Unter der zentralen Notrufnummer ✆ (00 49) 116 116 kann man aus dem Ausland Kreditkarten, Maestro-Karten und Handys sperren lassen.

Haustiere

In Litauen gilt der EU-Heimtierpass. Darin müssen Impfungen gegen Tollwut (vor mindestens 30 Tagen und höchstens 12 Monaten), Staupe, Virus-Hepatitis, Leptospirose sowie Parvovirose vor mindestens 14 Tagen und höchstens sechs Monaten nachgewiesen sein. Zudem braucht das Tier ein amtsärztliches Gesundheitszeugnis; Hunde und Katzen müssen mit einem Mikrochip versehen sein. In der Regel ist es kein Problem, einen Hund mit ins Hotel oder die Pension zu nehmen.

Hinweise für Menschen mit Behinderung

Einrichtungen und Maßnahmen, die Behinderten das Leben erleichtern, sind bislang eher die Ausnahme. In den Altstädten (besonders Vilnius) erschweren Kopfsteinpflaster und Treppen die Fortbewegung im Rollstuhl; Bordsteine sind oft nicht abgesenkt. Öffentliche Verkehrsmittel sind kaum auf die Bedürfnisse von Rollstuhlfahrern eingestellt – ebenso wenig wie Hotels vor allem auf dem Land. Die neueren Hotels in Vilnius sind besser vorbereitet. Auch die Bedürfnisse von Menschen mit eingeschränkter Hör- oder Sehfähigkeit werden noch wenig berücksichtigt.

Internet

www.litauen-info.de
Deutschsprachige Informationen zum Land sowie Tipps zu allen praktischen Seiten des Reisens in Litauen.

www.travel.lt
Homepage des Litauischen Fremdenverkehrsamtes Lithuania Travel. Deutschsprachige Informationen, sehr umfassend, große Veranstaltungsübersicht, viele Links und regelmäßige Aktualisierung.

www.travel.lt
Deutschsprachige Website des litauischen Tourismusamtes mit Informationen zu Städten, Sehenswürdigkeiten, Unterkünften und Veranstaltungen.

www.vilnius-tourism.lt/de
Sehr umfassende deutschsprachige Informationen des Tourismus-Informationszentrums über Geschichte, Sehenswürdigkeiten, Hotels, Restaurants und Veranstaltungen der litauischen Hauptstadt; viele Links zu weiteren relevanten Sites.

www.countryside.lt
Englischsprachige Informationen zu den Attraktionen der litauischen Provinz, darunter ein Wegweiser zu dörflichen Werkstätten von Schmieden über Weber bis hin zu Holzschnitzern und Strickerinnen.

www.bicycle.lt
Deutschsprache Informationen für Radreisende von »BalticCycle«, einem Zusammenschluss von Radsportverbänden aus allen drei Staaten, der auch Touren durchs Baltikum organisiert. Fahrradverleih und Vermittlung von Unterkünften.

In Litauens Nationalparks sind auch seltene Schmetterlinge wie der Schwalbenschwanz registriert

Klima, Kleidung, Reisezeit

Das Klima ist gemäßigt kontinental. Das bedeutet warme Sommer, einen milden, kurzen Frühling und Herbst sowie lange, kalte Winter von Oktober bis April. Bis minus 25 Grad Celsius kann das Thermometer dann sinken.

Zwischen Juni und August kann man sich mit etwas Glück an den Stränden der Ostseeküste fühlen wie im Badeurlaub im Süden. Nur das Meer wird nicht so warm wie in Italien. Für Rundreisen sind daher die Monate Mai bis September ideal. Trips in die Hauptstadt kann man das ganze Jahr über unternehmen: Museen und Cafés zum Aufwärmen gibt es genug, Eiszapfen und eine dicke Schneedecke stehen Vilnius ausnehmend gut. Für die Kleiderordnung gilt:

Einen Pullover für abends und einen Regenschutz sollte man auch im Sommer auf jeden Fall im Gepäck haben.

Medizinische Versorgung

Die medizinische Versorgung durch Ärzte und Apotheken ist flächendeckend. Eigene Medikamente sollte man der Einfachheit halber unbedingt mitbringen. Mit der **Europäischen Versicherungskarte** (EHIC) oder der provisorischen Ersatzbescheinigung bekommt man die Kosten für medizinisch notwendige Behandlungen innerhalb kurzer Zeit nach der Rückkehr erstattet. Die Europäische Versicherungskarte stellt die gesetzliche Krankenkasse aus. Bei Privatbehandlungen erstattet die Krankenkasse nur die Kosten in Höhe des deutschen Leistungskatalogs. Eine zusätzliche **Auslandskrankenversicherung** deckt möglicherweise entstehende Mehrkosten und den eventuellen Rücktransport ab.

In allen baltischen Staaten sind Fälle von **FSME** (Frühsommer-Meningoenzephalitis) aufgetreten, einer Form von Hirnhautentzündung, die von Zecken übertragen werden kann. Wer in der Zeit zwischen April und Oktober viel in Feld und Wald unterwegs ist, sollte daher eine Impfung erwägen. Auf jeden Fall aber mit langen Hosen und Ärmeln vorbeugen und Insektenschutz verwenden. Zecken sitzen vor allem in Unterholz und an Gräsern.

Mit Kindern in Litauen

Kinder werden in Litauen herzlich empfangen. Die meisten Restaurants haben Gerichte für junge Gäste auf der Karte, und in der Regel gehören auch Kinderstühle zum Inventar. Die Strände Litauens sind – bis auf das eher kühle Wasser – ideale Spielplätze für Kinder, da sie langsam zum Meer abfallen und die See sehr ruhig ist.

Besonders spannend für Kinder sind etwa das zu Klaipėda gehörige Litauische Meeresmuseum mit Delphinarium, der Märchenpfad in Juodkrantė auf der Kurischen Nehrung und das Museum »Echo des Waldes« in Druskininkai. Mit viel Natur und wenig Autoverkehr ist die Kurische Nehrung ein perfektes Ziel für Familien mit Kindern.

Nachtleben

Das Nachtleben konzentriert sich vor allem in Vilnius, Kaunas und Klaipėda, wo an Clubs, Kneipen und Jazz-Bars kein Mangel herrscht, sowie in den Ferienorten an der Küste – insbesondere in Palanga ist viel los. Vor allem Vilnius und Kaunas besitzen eine sehr lebhafte Jazz-Szene, die über die Landesgrenzen hinaus bekannt ist.

Notfälle, wichtige Telefonnummern

Feuerwehr: ℂ 01 (Festnetz), ℂ 112 (Mobil)
Polizei: ℂ 02 (Festnetz), ℂ 112 (Mobil)
Ambulanz: ℂ 03 (Festnetz), ℂ 112 (Mobil)
Vorwahl Litauen: ℂ 00 370
Auskunft: ℂ 118 (englischsprachig)
Pannenhilfe: ℂ 880 00 00 00 (Festnetz), ℂ 18 88 (Mobil)

Malende Kinder im Hof des Kunstpalastes in Vilnius

Öffentliche Verkehrsmittel

Das Eisenbahnnetz wird erst langsam ausgebaut. Dafür verkehren zwischen den Städten regelmäßig, zuverlässig und sehr preiswert Busse. Sogar die meisten Dörfer sind mindestens einmal täglich per Bus erreichbar. Fahrkarten gibt es an den Busbahnhöfen. Auch die Fähranbindung zur Kurischen Nehrung ist gut ausgebaut. Offiziell ist es nicht möglich, Fahrräder in Bussen mitzunehmen; in Zügen hingegen ist es kein Problem.

Post

Postkarten und Briefe schaffen es in der Regel in drei bis fünf Tagen nach Deutschland. Die Öffnungszeiten der Post sind von Mo–Fr 8/9–16/19 Uhr. In Vilnius ist die Hauptpost (Gedimino g. 7, www.post.lt) auch Samstag 9–16 Uhr geöffnet. Außerdem gibt es in der Hauptstadt in den Einkaufszentren Akropolis (Ozo 25) und Panorama (Saltoniškių 9) zwei Filialen, die Mo–Sa 10–22 Uhr öffnen.

Presse

Einheimische Zeitungen stellen ausländische Besucher meist vor Sprachbarrieren. Monatlich erscheint die deutschsprachige »Baltische Rundschau« (www.baltische-rundschau.eu), wöchentlich die englische »Baltic Times« (www.baltictimes.com). Deutsche Zeitungen bekommt man vor allem in Vilnius. In vielen Hotels können deutschsprachige Sender empfangen werden.

Sicherheit

Die Kriminalität ist insgesamt gering, doch sollte man wie überall auf der Welt normale Vorsicht walten lassen. Das heißt: Wert-

Feuerwerk vom 326 Meter hohen Fernsehturm in Vilnius

sachen und Kameras sollten Sie bei sich tragen oder im Hotelsafe einschließen. Auf dem Rücksitz liegende Jacken können dazu führen, dass Ihr Auto geknackt wird. Insbesondere in Städten und in der Nähe von Häfen und Grenzen sollte man seinen Wagen nur auf bewachten Parkplätzen abstellen (auf Litauisch: *saugoma automobilių stovėjimo aikštelė*).

Sport und Erholung

Angeln:
Angeln ist Volkssport. In Litauen ist dazu .für Menschen ab 16 bis 62 Jahren eine Genehmigung erforderlich; man erhält sie gegen eine geringe Gebühr in Geschäften für Angelbedarf sowie in den örtlichen Tourismuszentren. Informationen über Angelgründe in Litauen unter: www.countryside.lt.

Fahrradfahren:
Die überwiegend flache Landschaft eignet sich perfekt zum Radeln. Allein, noch fehlt es an Radwegen. Die Informationszentren der Nationalparks verleihen Fahrräder. Auch Vilnius bot eine Zeitlang den Service »öffentlicher« Fahrräder, kapitulierte aber bald vor dem zügigen Schwund. In den Urlaubsregionen bieten viele Hotels Leihräder an. Die meisten Fluggesellschaften nehmen das Fahrrad (gegen Aufpreis) mit. Lufthansa z.B. rechnet das Rad auf die erlaubten 20 Kilogramm Freigepäck in der Economy Class an. Wird diese Menge überschritten, ist man mit einer Sonderrate von € 30 dabei. In jedem Fall muss man schon bei der Buchung angeben, dass das Rad mitfliegt. Offiziell ist es in Litauen nicht möglich, Räder in Bussen mitzunehmen; in Zügen und auf Fähren hingegen ist es kein Problem.

Räucherfisch aus Juodkrantė

Litauisches Fahrradinformationszentrum:
Postfach 61, 01002 Vilnius
℡ 699 560 09
www.balticcycle.eu
info@bicycle.lt

Litauische Radfahrergemeinschaft:
Naujoji Uosto g. 3, 92120 Klaipėda
℡ (Mobil) 615 917 73
www.dviratis.lt
lcc@dviratis.lt

Stranddistel

Mehrtägige organisierte Radtouren haben verschiedene deutsche Veranstalter (z. B. Litauen Reisen, Kaiserstr. 22, 97070 Würzburg, ℡ 09 31-842 34, www.litauenreisen.de) im Programm.

Vogelbeobachtung:
In Litauen sind mehr als 330 Vogelarten gezählt worden. Zum Vergleich: Im wesentlich größeren Deutschland sind es 450 Arten, die regelmäßig brüten oder Station machen. Wegen dieser großen Artenvielfalt ist Vogelbeobachtung eine beliebte Beschäftigung (Litauischer Birdwatching Club, ℡ 686-89 354, www.birdwatching.lt, info@birdwatching.lt).

Wandern:
Wer sich Landschaften gerne erläuft, ist in Litauen richtig. Die Nationalparks sind Wanderparadiese und verfügen über viele beschilderte Routen. Die Küste und ihre Dünenlandschaften sind ideal für Strandläufer.

Wassersport:
Küste, Seen und Flüsse bieten hervorragende Möglichkeiten zum Wassersport (z.B. im Aukštaitija-Nationalpark und Dzūkija-Nationalpark). Fast überall werden im Sommer Tret- und Ruderboote vermietet. Informationen für Segler findet man im Internet unter www.tourism.lt.

Sandklaffmuschel

Wellness:
Die ersten Spa-Hotels, die nach der Wende gebaut wurden, setzten einen pragmatisch medizinischen Schwerpunkt und waren eher Kurhotels als Wellness-Oasen. Wer sich nicht davon irritieren lässt, beim Frühstück Gäste im Bademantel anzutreffen, kann hier im Luxus relativ preiswerter Anwendungen schwelgen. Wo sonst bekommt man schon eine halbstündige Massage für deutlich unter 20 Euro und das aus den Händen geschulten Personals? Mittlerweile eröffnen zunehmend Wellness-Hotels, die westeuropäischen Vorstellungen entsprechen: ohne medizinischen Kurbetrieb, dafür aber mit einem Anwendungsprogramm, das alle Wünsche von Thalasso-Therapie bis zum Heubad erfüllt und einem Preisniveau, das noch immer deutlich unter dem westeuropäischen liegt. In Litauen sind als Kurorte vor allem Palanga (www.palangatic.lt), die Nehrung und im Binnenland das Traditionsbad Druskininkai (http://info.druskininkai.lt) zu nennen.

Strom

Die Netzspannung beträgt wie in Deutschland 220 Volt, 50 Hz. Euro-Norm-Stecker ohne Schutzkontakt passen. Auf dem Land kann es nützlich sein, für alle Fälle einen Adapter für Osteuropa im Gepäck zu haben.

Telefonieren

Die Vorwahl nach Deutschland ist ☏ 00 49. Es folgt die Ortsvorwahl ohne Null und die Teilnehmernummer. Litauen hat die Landesvorwahl ☏ 00 370. Der Vorwahl wird eine 8 vorangestellt – es sei denn, man telefoniert innerhalb einer Stadt von Festnetz zu Festnetz oder ruft aus dem Ausland an. Mobilnummern beginnen stets mit einer 6. Öffentliche Telefonzellen funktionieren mit Telefonkarten, die bei der Post, in Tankstellen, größeren Geschäften und an Kiosken verkauft werden. Billiger als die Benutzung der heimischen Mobil-Karte sind Prepaid-Karten, die man wieder aufladen lassen kann. Eine solche SIM-Karte gibt es für den Gegenwert von etwa € 5–10 inkl. Startguthaben in vielen Geschäften und Kiosken. Die englischsprachige Telefonauskunft erreicht man unter ☏ 118.

Trinkgeld

Da das örtliche Einkommensniveau deutlich niedriger ist als bei uns, sollte man es nicht übertreiben, aber guten Service in Gastronomie und Hotellerie mit einem Trinkgeld honorieren. Taxifahrer erwarten es und im Restaurant, wo der Service meist inbegriffen ist, werden fünf bis zehn Prozent gerne genommen.

Typische bunt bemalte Holzhäuser und Kiefernhochwald auf der Kurischen Nehrung

Unterkunft

In Vilnius und in den wichtigsten Urlaubsregionen sind alle Komfort- und Preisstufen vertreten – von internationalen Ketten über private Luxushotels bis zur einfachen Budget-Unterkunft. Die Klassifizierung orientiert sich an westeuropäischen Standards. Verzeichnisse der Regionen erhält man bei den regionalen Verkehrsämtern sowie bei der Baltischen Tourismus-Zentrale in Berlin. Auf dem Land wird die Entscheidung oft durch übersichtliche Auswahl erleichtert. Dort können Bed & Breakfast-Adressen eine Alternative sein (Gästehäuser in Vilnius, Kaunas und Klaipėda unter www.litinterp.com). Bei diesen Privatunterkünften kommt man nicht selten im ehemaligen Kinderzimmer unter und plaudert (oder radebrecht) beim Frühstück nett mit dem Gastgebern.

In ländlichen Gebieten besteht die Möglichkeit, in restaurierten Schlössern und Herrensitzen zu logieren – mit allem Komfort, aber zu deutlich niedrigeren Preisen als anderswo in feudalen Unterkünften.

Hauptferienzeit ist von Mitte Juni bis August; in dieser Zeit sollte man Unterkünfte vorausbuchen. Ferienwohnungen mietet man am einfachsten über einen Veranstalter.

Urlaub auf dem Bauernhof:
Wer ins Landleben eintauchen will, kann auf Bauernhöfen Urlaub machen. Kinder lernen dort, wo die Milch herkommt und welche Kräuter man für die Küche sammeln kann. Und schwelgen in ländlichen Vergnügungen: durch die Natur streifen, im See baden, keine Autos sehen.

In Litauen gibt der Verband Landtourismus Auskunft (Lietuvos Kaimo Turizmo Asociacijos Centras, K. Donelaicio g. 2–201, Kaunas, ✆ 37-40 03 54, www.countryside.lt).

Reiher-schnabel

Campingplätze:
Campingplätze mit westeuropäischem Standard werden häufiger; Elektroanschlüsse für Wohnwagen sind jedoch erst teilweise vorhanden. Wohnmobile darf man vielerorts auch auf Bauernhöfen abstellen. Auf vielen Zeltplätzen in den Nationalparks und an den Seen kann man Holzhütten mieten. Außerhalb der Parks wird wildes Campen toleriert. Besser ist es aber, beim nächsten Bauernhof zu fragen, ob man dort sein Zelt aufschlagen darf.

In den wichtigsten Urlaubsregionen an der Küste und in den Nationalparks findet man überall offizielle Plätze – wenn auch teilweise noch mit eher bescheidenem Komfort. Ein Verzeichnis aller Campingplätze gibt es beim Fremdenverkehrsamt Litauen (www.travel.lt). Weitere zuverlässige Quellen sind www.campingbaltikum.de und www.litauen.info.

Jugendherbergen:
Das Spektrum der Jugendherbergen reicht von angejahrten Häusern mit eher dürftiger Ausstattung bis zum brandneuen Backpacker-Hostel. Faustregel zum Preisniveau: In der Hauptstadt zahlt man für eine Übernachtung umgerechnet etwa € 15, außerhalb etwa die Hälfte. Weitere Informationen bekommt man bei der:

Lithuanian Youth Hostel Association
Aušros vartų str. 20-15, 02100 Vilnius
✆ (656) 56 571, www.lha.lt

Zeitzone

Litauen ist der Mitteleuropäischen Zeit (MEZ) eine Stunde voraus. Wie in Deutschland wird auf Sommerzeit umgestellt.

Zoll

Litauen gehört zur EU. Das heißt: Mitnehmen darf man, was man tragen (und selbst verbrauchen) kann. So können 90 Liter Wein, 110 Liter Bier, 10 Liter Spirituosen ein- und ausgeführt werden, 800 Zigaretten, 400 Zigarillos, 200 Zigarren und ein Kilogramm Tabak. Allerdings muss alles für den Privatgebrauch bestimmt sein.

Schweizer Staatsbürger müssen sich auf 1 Liter Spirituosen oder 2 Liter Wein, 200 Zigaretten oder 100 Zigarillos oder 50 Zigarren oder 250 Gramm Tabak sowie 50 Gramm Parfüm oder 0,25 Liter Eau de Toilette beschränken.

Die wichtigsten Wörter für unterwegs

Litauisch und Lettisch sind die letzten noch lebenden Idiome des baltischen Zweigs der indo-europäischen Sprachfamilie. Dass nur wenige Ausländer ihre schwierigen Sprachen beherrschen, lässt den Bewohnern kaum eine andere Wahl, als ihrerseits Fremdsprachen zu erlernen. Urlauber können sich daher fast überall auf Englisch verständigen; im Tourismusbereich sprechen viele Menschen auch Deutsch.

Aussprache:

c wie »z«
č wie »tsch«
š wie »sch«
v wie »w«
z wie stimmhaftes »s«

ą wie langes »a«
ė wie langes »e«
e wie »ä«
ų und ū wie langes »u«
ž wie stimmhaftes »sch«

Wichtige Begriffe und Redewendungen

ja/nein	taip/ne
Guten Morgen!	Labas rytas!
Guten Tag!	Laba diena!
Guten Abend!	Labas vakaras!
Gute Nacht!	Labos nakties!
Hallo!	Labas!
Auf Wiedersehen!	Iki pasimatymo!
Bis bald!	Iki!
Tschüss!	Atia!
Danke.	Ačiu.
Bitte.	Prašom.
Gern geschehen.	Nėra už ką.
Entschuldigung!	Atsiprašau!
Schade!	Gaila!
Zum Wohl!	Sveikatą! oder Skanaus!
Guten Appetit!	Gero apetito!
Sprechen Sie ...	Ar Jus kalbate ...
... Deutsch?	... vokiškai?
... Englisch?	... angliškai?
Ich verstehe nicht.	Aš nesuprantu.
Ich spreche kein Litauisch.	Aš nekalbu lietuviškai.
Wie bitte?	Prašau?
Können Sie mir bitte helfen?	Ar galite man padėti?
Woher kommen Sie?	Iš kur Jūs esate?
Ich komme aus Deutschland.	Esu iš Vokietijos.
Ich heiße ...	Mano vardas yra ...
Ich möchte gerne ...	Aš norėčiau ...

Hilfe!	Gelbėkit!
Arzt	gydytojas
Kinderarzt	vaikų gydytojas
Zahnarzt	dantų gydytojas
Krankenhaus	ligoninė
Apotheke	vaistinė
Ich brauche einen Arzt.	Man reikia gydytojo.
Rufen Sie einen Krankenwagen.	Pakvieskite gydytoja.
Rufen Sie die Polizei.	Pakvieskite policija.
Ich habe hier Schmerzen.	Man čia skauda.
Ich habe Durchfall.	Aš viduriuoju.
Wo ist ...	Kur yra ...
... ein Kaufhaus?	... parduotuvė?
... ein Lebensmittelgeschäft?	... maisto prekių parduotuvė?
... eine Bäckerei?	... kepykla?
... ein Markt?	... turgus?
... eine Buchhandlung?	... knygynas?
... die nächste Bank?	... artimiausias bankas?
... der nächste Geldautomat?	... artimiausias bankomatas?
Postamt	paštas
Postkarte	atvirukas
Briefmarke	pašto ženklas
Briefkasten	pašto dežutė
Brief	laiškas
Wie viel kostet das?	Kiek tai kainuoja?
Akzeptieren Sie Kreditkarten?	Ar Jūs priimate kreditines korteles?

Haben Sie …	*Ar turite …*
Ich möchte	*Aš norėčiau …*
Wie viel?	*Kiek?*
Was kostet es?	*Kiek kainuoja?*
billig, teuer	*pigu, brangu*
Kasse	*kasa*
geöffnet	*dirba*
geschlossen	*nedirba*
drücken	*stumti*
ziehen	*traukti*
Eingang	*iėjimas*
Ausgang	*išėjimas*
Wo sind die	*Kur yra tuale-*
Toiletten?	*tas?*
Damen	*moterų*
Herren	*vyrų*

Wochentage/Zeit

Montag	*pirmadienis*
Dienstag	*antradienis*
Mittwoch	*trečiadienis*
Donnerstag	*ketvirtadienis*
Freitag	*penktadienis*
Samstag	*šeštadienis*
Sonntag	*sekmadienis*
heute	*šiandien*
gestern	*vakar*
morgen	*rytoj*
täglich	*kasdien*
Morgen	*rytas*
mittags	*pietus*
abends	*vakaras*
nachts	*naktis*
Minute	*minutė*
Stunde	*valanda*
Tag	*diena*
Woche	*savaitė*
Monat	*menuo*
Jahr	*metai*
Wie spät ist es?	*Kiek valandų?*
Zwölf Uhr.	*Tūkstantis.*
Halb zwölf.	*Pusė dvyliktos.*

Zahlen

1	*vienas*
2	*du*
3	*trys*
4	*keturi*
5	*penki*
6	*šeši*
7	*septyni*
8	*aštuoni*
9	*devyni*
10	*dešimt*
11	*vienuolika*
12	*dvylika*
13	*trylika*
14	*keturiolika*
15	*penkiolika*
16	*šešiolika*
17	*septyniolika*
18	*aštuoniolika*
19	*devyniolika*
20	*dvidešimt*
30	*trisdešimt*
40	*keturiasdešimt*
50	*penkiasdešimt*
60	*šešiasdešimt*
70	*septyniasdešimt*
80	*aštuoniasdešimt*
90	*devyniasdešimt*
100	*šimtas*
200	*du šimtai*
1000	*tūkstantis*
1/2	*puse*
1/4	*ketvirtis*

Unterwegs

Wo?	*Kur?*
Wohin?	*Kur?*
Wie weit?	*Kaip toli?*
Autobus	*autobusas*
Straßenbahn	*tramvajus*
Taxi	*taksi*
Eisenbahn	*geležinkelis*
Zug	*traukinys*
Bahnhof	*stotis*
Flughafen	*aerouostas*
Fähre	*keltas*
Fahrkarte	*bilietas*
Fahrplan	*tvarkaraštis*
Hafen	*uostas*
Bank	*bankas*
Abfahrt	*išvykimas*
Ankunft	*atvykimas*
aussteigen	*išlipti*
umsteigen	*perlipti*
Tankstelle	*degalinė*
Polizei	*policija*
weit	*toli*
nah	*artis*
nach rechts	*dešin?*
nach links	*kair?*
geradeaus	*tiesiai*
Wo bitte ist der/	*Kur artimiausa …*
die nächste …	
… Haltestelle?	*… stotelė?*
… Taxistand?	*… taksi stovėjimo*
	aikštelė?
… Tankstelle?	*… degalinė?*
Überqueren Sie …	*Pereikite per …*
… die Brücke	*… tiltą*
… den Platz	*… aikšt?*
… die Straße	*… gatv?*

Sehenswertes/ Geografische Begriffe

Platz	*aikštė*
Brücke	*tiltas*
Gebäude	*pastatas*
Haus	*namas*
Rathaus	*rotušė*
Kirche	*bažnyčia*
Gottesdienst	*pamaldos*
Schloss, Burg	*pilis*
Theater	*teatras*
Museum	*muziejus*
Ausstellung	*ekspozicija*
Besichtigung	*lankymas*
Wann ist das Museum geöffnet?	*Kada muziejus dirba?*
Wann beginnt die Führung?	*Kada prasideda ekskursija?*
Denkmal	*paminklas*
Altstadt	*senamiestis*
Stadtzentrum	*centras*
Naturschutzgebiet	*gamtos draustinis*
See	*ežeras*
Fluss	*upė*
Dorf	*kaimas*
Stadt	*miestas*
Straße	*gatvė*
Hauptstraße	*pagrindinė gatvė*
Stadtrundfahrt	*ekskursija po miestą*
Stadtplan	*miesto planas*

Hotel und Restaurant

Gibt es hier ein Hotel?	*Ar cia yra viesbutis?*
Zimmer	*kambarys*
Was kostet das Zimmer?	*Kokia kambario kaina?*
Wo kann ich parken?	*Kur cia galima parkuoti?*
Bett	*lova*
Bad	*vonia*
Schlüssel	*raktai*
Doppelzimmer	*dvivietis kambarys*
mit Dusche und Toilette	*Su dušas ir tualetu*
Frühstück	*pusryčiai*
Mittagessen	*pietus*
Abendessen	*vakarienė*
Restaurant	*restoranas*
Bar	*baras*
Café	*kavinė*

Kellner	*padavėjas*
Speisekarte	*meniu*
Halbpension	*nakvynė su pusryčiais ir vakariene*
Vollpension	*nakvynė su pilnu maitinimu*
Nationalgericht	*nacionalinis patiekalas*
Die Speisekarte bitte!	*Meniu prašom!*
Ich bin Vegetarier/in.	*Aš esu vegetaras(ė).*
Die Rechnung bitte!	*Sąskaita prašom!*
Trinkgeld	*arbatpinigiai*
Ich möchte gerne …	*Aš norėčiau …*
Ist dieser Tisch noch frei?	*Ar šitas stalas neužimtas?*
Ist dieser Platz noch frei?	*Ar čia laisva?*
Butter	*sviestas*
Brot	*duona*
Suppe	*sriuba*
Fisch	*žuvis*
Fleisch	*mėsa*
Vorspeise	*užkandžiai*
Hauptgericht	*karšti patiekalai*
Nachtisch	*desertas*
Gemüse	*daržoves*
Obst	*vaisiai*
Speiseeis	*ledai*
Kuchen	*pyragas*
Messer	*peilis*
Gabel	*šakutė*
Löffel	*šaukštas*
Getränke	*gėrimas*
Glas	*stiklas*
Mineralwasser	*mineralinis vanduo*
Saft	*sultys*
Bier	*alus*
Rotwein	*raudonas vynas*
Weißwein	*baltas vynas*
Zum Wohl!	*Sveikatą!*
Kaffee	*kava*
Tee	*arbata*
Milch	*pienas*
Zucker	*cukrus*
Salz	*druska*
Pfeffer	*pipirai*
scharf	*aštru* ◼

Fischerarchitektur in der Karaim-Straße in Trakai ▷

Die **fetten** Seitenzahlen verweisen auf ausführliche Erwähnungen, *kursiv* gesetzte Begriffe bzw. Seitenzahlen beziehen sich auf den Service.

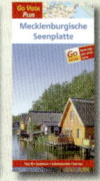

Go Vista CITY GUIDE · e-Book

...immer clever unterwegs!

Machen Sie Ihr Smartphone oder Ihren Tablet-PC zum praktischen Reisebegleiter: mit den einzigartigen e-Books von Vista Point, die neben den bewährten Reiseinformationen der Go Vista City Guides über viele neue Funktionen verfügen:

- ▶ **Audio-Dateien (Hörtexte, Musik)**
- ▶ **Google-Map-Links**
- ▶ **Offline-Karten-Links**
- ▶ **Weblinks**
- ▶ **Volltextsuche**
- ▶ **Lesezeichen und Notizzettel**

Eine Kooperation des Vista Point Verlags mit Random House Audio.

Folgende e-Books sind derzeit lieferbar:

Barcelona, Berlin, Dresden, Hamburg, Köln, London, München, Paris, Prag, Rom, Venedig, Wien

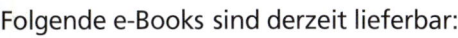

VISTA ✦ POINT VERLAG

Bildnachweis

Baltikum Tourismus Zentrale (BTZ), Berlin: S. 2 o. r., 23, 24 o., 68
Franz Marc Frei, München: S. 17, 27 o., 39 u., 54, 62 u., 91
Rainer Hackenberg, Köln: S. 2 o. l., 3 o. l., 4/5, 12 u., 28, 31 o., 33 u., 35, 38, 41, 45, 48, 49, 50 o., 57 o., 70 u., 72 u.
Gerold Jung, Ottobrunn: S. 60 o.
János Kalmár, Wien: S. 2 o. Mitte, 3 o. r., 18, 20/21, 42, 46/47, 52 u., 61 u., 79 o., 80, 83o., 84 u.
Christian Nowak, Berlin: Schmutztitel (S. 1), S. 3 o. Mitte, 37, 50 u., 60 u., 75, 86
Šiauliai Tourism: S. 70 o.
Vilnius Tourism: S. 11, 14, 16, 19, 84 o.
Vista Point Verlag (Archiv), Potsdam: S. 6 o., 6 u., 7 o., 7 u., 8, 9, 10, 12 o., 15, 20, 21 o., 24 u., 27 u., 33 o., 34, 39 u., 43, 44 o., 44 u., 51 o., 51 u., 52 o., 53, 55 o., 55 u., 56 o., 56 u., 57 o., 58 o., 58 u., 59, 61 o., 62 o., 63 o., 63 u., 64 o., 64 u., 65, 67, 71, 72 o., 74 o., 74 u., 76, 77, 78, 81 o.,u., 83 u., 85 o., 85 u., 87
www.pixelio.de: S. 30, 31 u., 32, 66

Schmutztitel (S. 1): Ganz unverfälschte Landschaft – das Memeldelta bei Minija
Seite 2/3 (v. l. n. r.): Bernhardiner-Kirche in Vilnius, Wasserburg Trakai, Europa Park nördlich von Vilnius, am Ufer des Druskonis-Sees, Vogelbeobachtung im Merkinė- und Dzūkija-Nationalpark, Mohnfeld

Konzeption, Layout und Gestaltung dieser Publikation bilden eine Einheit, die eigens für die Buchreihe der **Go Vista City/Info Guides** entwickelt wurde. Sie unterliegt dem Schutz geistigen Eigentums und darf weder kopiert noch nachgeahmt werden.

© Vista Point Verlag GmbH, Birkenstr. 10, D-14469 Potsdam
2., aktualisierte Auflage 2013
Alle Rechte vorbehalten
Verlegerische Leitung: Andreas Schulz
Reihenkonzeption: Vista Point-Team
Bildredaktion: Andrea Herfurth-Schindler
Textredaktion: Eszter Kalmár
Lektorat: derschoenstesatz, Köln
Layout und Herstellung: Kerstin Hülsebusch-Pfau
Reproduktionen: Henning Rohm, Köln
Kartographie: Kartographie Huber, München
Druckerei: Colorprint Offset, Unit 1808, 18/F., 8 Commercial Tower, 8 Sun Yip Street, Chai Wan, Hong Kong

ISBN 978-3-86871-692-4

An unsere Leser!
Die Informationen dieses Buches wurden gewissenhaft recherchiert und von der Verlagsredaktion sorgfältig überprüft. Nichtsdestoweniger sind inhaltliche Fehler nicht immer zu vermeiden. Für Ihre Korrekturen und Ergänzungsvorschläge sind wir daher dankbar.

VISTA POINT VERLAG GMBH
Birkenstr. 10 · 14469 Potsdam
Telefon: +49 (0)3 31/817 36-400 · Fax: +49 (0)3 31/817 36-444
www.vistapoint.de · info@vistapoint.de